国家社科基金项目(立项批准号:14BMZ084)
西藏大学经济文化研究中心　联合资助

新型城镇化建设背景下西藏农牧民可持续生计研究

久毛措　著

科学出版社

北京

内 容 简 介

本书以新型城镇化建设内涵和城乡统筹发展目标为背景，通过实地调查分析西藏农牧民家庭的生计资本、生计策略和农牧民就业情况，总结当前西藏农牧民家庭生计框架和农牧民发展能力的基本结构和特征；以西藏农牧民家庭的可持续生计为切入点全面分析农牧民的可持续发展问题，系统分析在新型城镇化建设背景下西藏农牧民可持续生计和就业的现状、问题及影响因素，探讨农牧民家庭可持续生计框架和农牧民发展能力构建的必要性、可行性与现实路径，并提出政策建议。

本书可供少数民族经济、社会政策和公共管理等方面的研究者、实践者和政策制定者阅读，也可供关注西藏农牧区、农牧民和民族地区发展的大专院校师生和一般读者阅读。

图书在版编目(CIP)数据

新型城镇化建设背景下西藏农牧民可持续生计研究 / 久毛措著. — 北京：科学出版社, 2020.6
ISBN 978-7-03-065321-5

Ⅰ. ①新… Ⅱ. ①久… Ⅲ. ①城市化-关系-农民-劳动就业-研究-西藏 ②城市化-关系-牧民-劳动就业-研究-西藏 Ⅳ. ①F299.277.5 ②F323.6

中国版本图书馆 CIP 数据核字（2020）第 093186 号

责任编辑：华宗琪 朱小刚 / 责任校对：彭 映
责任印制：罗 科 / 封面设计：墨创文化

科学出版社 出版
北京东黄城根北街16号
邮政编码：100717
http://www.sciencep.com

四川煤田地质制图印刷厂 印刷
科学出版社发行 各地新华书店经销

*

2020 年 6 月第 一 版　开本：B5（720×1000）
2020 年 6 月第一次印刷　印张：10 1/4
字数：200 000

定价：99.00 元
（如有印装质量问题，我社负责调换）

作者简介

久毛措(1972-)，女，藏族，青海黄南人，西藏大学经济与管理学院教授，博士生导师，长期从事民族地区经济社会发展与农牧民可持续发展问题研究。先后主持国家社会科学基金项目3项（其中重点项目1项）、省部级项目2项；参与国家级、省部级科学研究项目8项；另主持、参与与西藏地方经济社会发展相关的横向研究课题10余项。出版专著《城镇化进程中青藏两省区农牧民生存状况调查与研究》，获得第四届中国藏学研究"珠峰奖"汉文专著类二等奖和第二届西藏自治区哲学社会科学优秀成果专著类三等奖。发表论文20余篇，其中CSSCI来源期刊和核心期刊论文10余篇，论文《基于贫困脆弱性与可持续生计的我国藏区扶贫开发的长效性思考》获得第三届西藏自治区哲学社会科学优秀成果学术论文类二等奖。教改成果"西藏大学经济管理类专业'三位一体'应用型创新人才培养模式的改革与实践"获得西藏自治区优秀教学成果三等奖。入选中组部"西部之光"访问学者、省级学科技术带头人和省级高校骨干教师等，获得全国"明德教师奖"优秀教师、第二届西藏自治区"互联网+"创新创业大赛优秀指导教师、西藏大学优秀教师和西藏大学教学能手等称号。

前　　言

这是一本关于新型城镇化背景下西藏农牧民可持续生计研究的书,也是笔者继《城镇化进程中青藏两省区农牧民生存状况调查与研究》之后的又一本书,在研究思想上可以说是上一本书的延续,在研究对象和研究内容上聚焦和关注新型城镇化背景下西藏农牧民的可持续生计与发展。

城镇化是多年来人们一直关注的问题,城镇化的建设和发展不仅是国家经济社会发展的需要,还是促进解决民生问题的一个重要途径。新型城镇化是以人为核心的城镇化,注重保护农民利益,与农业现代化相辅相成,实现城乡统筹和可持续发展。宏观而言,城镇化主要是社会经济活动方式根本的变化,是农业社会向工业社会、信息社会的转变过程;微观而言,城镇化实质上是其主体——农牧民向城镇转移的过程。它包含着农牧民经济活动由农牧业活动向非农牧产业活动的转变,生活方式由农村单一性向城市生活的复杂性和多样性的转变,以及文化活动方式、思维方式,各种价值观念的转变和再社会化等。

笔者认为民族地区的城镇化,其核心就是民生的改善与农牧民的可持续发展,但是在城镇化发展的同时也会产生一些新的民生问题。对于西藏自治区来说,新型城镇化建设下西藏区域可持续发展的关键在于提升农牧民家庭的可持续生计能力和农牧民自身可持续发展能力。农牧民家庭的可持续生计能力和农牧民自身可持续发展能力是诸多因素共同作用的结果,农牧民家庭可获得的生计资本影响具体生计策略和农牧民的就业,并最终制约农牧民家庭和农牧民走向可持续发展的行动能力与国家政策的实施效果。此外,西藏农牧民在新型城镇化建设等外力作用下经历的社会变迁,会产生外力作用下的能力损失,这种损失不仅仅是资产和物质的损失,还包括了就业能力的损失和抵御风险能力的损失,同时也包括了人力资本积累能力的损失等。关注农牧民的能力受损情况,以及农牧民可持续能力再造是实现西藏区域可持续发展的关键。

笔者对这个选题的研究关注,起源于 2008 年起对青海和甘肃藏区三江源移民问题和草场问题的关注;之后通过对四川藏区、云南藏区和西藏农牧区多次的实地调查，发现藏区农牧民在经济社会快速发展的过程中遇到了很多困难和问题，尤其是在现代化和城镇化发展背景下，农牧民在社会转型和社会适应的过程中所面临的困难与问题严重影响着他们的生存与可持续发展。农牧民是少数民族地区经济社会发展、现代化和城镇化的参与者、建设者，也更应该成为受益者。笔者在五年前完成了基于青海和西藏两省区农牧民视角进行的城镇化进程中农牧民生存现状的研究之后，以我国新型城镇化建设为背景，以《国家新型城镇化规划（2014—2020年）》的政策导向为依据，结合西藏的实际情况，进行了新型城镇化背景下西藏农牧民可持续生计的研究，这也可以说是本书的由来。

本书就是通过对以上问题的思考与探索，基于农牧民的视角而进行的调查分析的研究成果。本书的研究结合西藏主体功能区规划国家和自治区两个层面的重点开发区域，将研究调查范围确定在西藏自治区城镇化建设和发展相对较快的区域，主要在拉萨市、日喀则市、山南市、林芝市和那曲市。本书是基于西藏农牧民的视角，以可持续生计理论、新型城镇化理论和脆弱性理论为基础，以新型城镇化建设内涵和城乡统筹协调发展目标，以及脆弱性风险防范和西藏农牧民的可持续生计问题为导向，通过广泛搜集查阅文献资料和有关数据，在对西藏农牧民进行入户调查的基础上，对新型城镇化建设背景下农牧民家庭的可持续生计资本和生计策略现状及影响因素，以及农牧民就业及就业培训现状、问题及影响因素，农牧民生活满意度现状及问题等进行分析，并提出相应的对策建议。

本书能够完成和出版，需要感谢的人很多：感谢淳朴、善良、勤劳的西藏农牧民们，无论是否接受过与本书写作相关的调查和访谈，没有你们，就没有这本书存在的理由；感谢深入西藏农牧区调研的调查员们（由于人数较多，请原谅不能一一列举），感谢你们对农牧民的关注和辛勤付出；感谢西藏大学提供的科研平台，以及对我的信任与支持；感谢科学出版社对书稿出版的大力支持；感谢西藏大学经济与管理学院王珊珊老师和笔者的研究生王暖在研究数据分析方面的辛勤付出；也感谢笔者的研究生王暖、杜成伟、李涛、张思杰、王瑶、江珊和佘文超对书稿文字的校对；感谢本书所有参考文献的著作者；感谢四川大学杨明洪教授和西藏大学图登克珠教授对笔者学术研究的鼓励、帮助和支持；感念父母，感谢爱子与爱人，感谢在本书写作和出版过程中给予支持和帮助的所有人。

这是一本出发点依旧单纯和简单的书，希望它能够简单清楚地呈现出我们对西藏农牧民可持续生计的研究和思考，能够引起更多人关注西藏的农牧区和农牧民，以及他们的可持续发展。虽然如此，但因水平有限，本书难免存在不足，敬请各位读者批评和指正。

目　　录

第1章　导论 ··· 1
　1.1　研究背景与意义 ·· 1
　　1.1.1　研究背景 ·· 1
　　1.1.2　研究意义 ·· 2
　1.2　研究视角、技术路线与方法 ·· 3
　　1.2.1　研究视角 ·· 3
　　1.2.2　研究思路 ·· 3
　　1.2.3　研究方法 ·· 4
　1.3　研究范围、内容与结构 ·· 4
　　1.3.1　研究范围 ·· 4
　　1.3.2　研究内容和结构 ·· 5
　1.4　研究用数据与问卷调查 ·· 6
　　1.4.1　研究用数据 ·· 6
　　1.4.2　问卷调查 ·· 7
　1.5　研究的创新与不足 ·· 10
　　1.5.1　研究的创新 ·· 10
　　1.5.2　研究的不足 ·· 11

第2章　文献与研究综述 ··· 12
　2.1　新型城镇化研究 ·· 12
　　2.1.1　对新型城镇化内涵与核心的研究 ···································· 12
　　2.1.2　我国民族地区新型城镇化问题的研究 ································ 13
　　2.1.3　西藏和我国其他藏区新型城镇化问题的研究 ·························· 14
　2.2　可持续生计研究 ·· 16
　　2.2.1　可持续生计资本的整体研究 ·· 16
　　2.2.2　可持续生计资本对生计策略选择影响的研究 ·························· 19

- 2.2.3 人力资本及其对生计策略影响的研究 ····· 23
- 2.2.4 自然资本及其对生计策略影响的研究 ····· 27
- 2.2.5 社会资本及其对生计策略影响的研究 ····· 28
- 2.2.6 物质资本及其对生计策略影响的研究 ····· 30
- 2.2.7 金融资本及其对生计策略影响的研究 ····· 31
- 2.2.8 国内对藏区农牧民可持续生计资本的研究 ····· 31
- 2.3 脆弱性研究 ····· 34
  - 2.3.1 生计脆弱性研究 ····· 34
  - 2.3.2 城市脆弱性研究 ····· 36
  - 2.3.3 贫困脆弱性研究 ····· 36
- 2.4 研究评价 ····· 38

第3章 研究的理论基础 ····· 40
- 3.1 新型城镇化 ····· 40
- 3.2 可持续生计相关理论 ····· 41
  - 3.2.1 可持续生计理论 ····· 41
  - 3.2.2 可持续发展理论 ····· 42
  - 3.2.3 人力资本相关理论 ····· 43
  - 3.2.4 社会资本理论 ····· 44
- 3.3 贫困脆弱性理论 ····· 45

第4章 西藏城镇化发展与新型城镇化建设 ····· 47
- 4.1 新型城镇化 ····· 47
  - 4.1.1 我国新型城镇化的提出 ····· 47
  - 4.1.2 新型城镇化的推行 ····· 48
- 4.2 西藏的城镇化发展阶段 ····· 49
- 4.3 西藏城镇化发展的制约与问题 ····· 53
- 4.4 西藏的新型城镇化建设 ····· 54
  - 4.4.1 西藏新型城镇化建设的重要性 ····· 54
  - 4.4.2 西藏新型城镇化建设现状 ····· 54
  - 4.4.3 西藏新型城镇化建设的特殊性 ····· 55

第5章 西藏农牧民家庭可持续生计资本和生计策略现状及影响因素分析 ····· 57
- 5.1 被调查农牧民及家庭基本情况 ····· 57

5.2 农牧民家庭生计策略类型及特征 ·· 59
 5.2.1 不同生计策略类型的划分 ·· 59
 5.2.2 不同生计策略类型家庭的生计活动特征 ···························· 60
5.3 西藏农牧民家庭可持续生计资本评价指标体系 ···························· 62
 5.3.1 可持续生计资本评价指标体系的构建 ······························ 62
 5.3.2 基于 AHP 的可持续生计资本评价指标权重的确定 ··············· 63
5.4 可持续生计资本对生计策略类型影响的二元回归分析 ················· 75
 5.4.1 二元回归分析模型设定及变量说明 ································· 75
 5.4.2 二元回归分析的结果 ·· 76
5.5 农牧民家庭可持续生计资本总指数 ·· 78
5.6 影响农牧民家庭生计策略的 Logistic 多元回归分析 ····················· 79
 5.6.1 Logistic 多元回归分析模型设定及变量说明 ······················· 79
 5.6.2 Logistic 多元回归分析的结果 ·· 80
5.7 分析小结 ·· 84

第 6 章 西藏农牧民家庭可持续生计资本影响因子的分析 ················ 88
6.1 生计资本因子的统计特征分析 ·· 88
6.2 不同生计策略类型的生计资本影响因子的分析 ··························· 90
 6.2.1 以牧业为主型的生计资本影响因子的分析 ························ 90
 6.2.2 以农业为主型的生计资本影响因子的分析 ························ 92
 6.2.3 以副业为主型的生计资本影响因子的分析 ························ 93
 6.2.4 混合型生计资本影响因子的分析 ··································· 95
6.3 分析小结 ·· 96

第 7 章 西藏农牧民就业与培训现状及问题分析 ···························· 98
7.1 农牧民就业情况的分析 ·· 99
 7.1.1 农牧民整体就业情况的分析 ·· 99
 7.1.2 不同生计策略类型家庭的农牧民就业情况的分析 ·············· 101
 7.1.3 就业稳定性不同农牧民就业情况的对比分析 ···················· 102
 7.1.4 农牧民有无稳定工作影响因素的分析 ····························· 107
7.2 农牧民就业培训情况的分析 ··· 111
 7.2.1 对农牧民整体就业培训情况的分析 ································ 111
 7.2.2 不同生计策略类型家庭的农牧民就业培训情况的分析 ········ 114

7.3 分析小结 ·········· 118
7.3.1 对农牧民就业情况分析的小结 ·········· 118
7.3.2 对农牧民就业培训情况分析的小结 ·········· 120

第8章 西藏农牧民生活满意度情况分析 ·········· 122
8.1 住房的满意度分析 ·········· 122
8.1.1 对被调查对象的整体分析 ·········· 122
8.1.2 对不同生计策略类型家庭农牧民的分析 ·········· 123
8.2 收入的满意度分析 ·········· 123
8.2.1 对被调查对象的整体分析 ·········· 123
8.2.2 对不同生计策略类型家庭农牧民的分析 ·········· 124
8.3 家庭生活质量和水平的满意度分析 ·········· 124
8.3.1 对被调查对象的整体分析 ·········· 124
8.3.2 对不同生计策略类型家庭农牧民的分析 ·········· 125
8.4 分析小结 ·········· 126

第9章 主要结论与政策建议 ·········· 127
9.1 主要结论 ·········· 127
9.1.1 西藏新型城镇化建设的结论 ·········· 127
9.1.2 西藏新型城镇化建设背景下农牧民家庭可持续生计资本现状与影响因素 ·········· 128
9.1.3 西藏新型城镇化建设背景下农牧民就业现状与问题 ·········· 130
9.1.4 西藏新型城镇化建设背景下农牧民培训现状与问题 ·········· 132
9.1.5 西藏新型城镇化建设背景下农牧民生活满意度现状与问题 ·········· 132
9.2 政策建议 ·········· 133
9.2.1 西藏新型城镇化建设与农牧民可持续生计协调发展的建议 ·········· 133
9.2.2 改善农牧民家庭生计资本和促进农牧民家庭生计策略优化的建议 ·········· 134
9.2.3 促进农牧民就业和完善农牧民就业技能培训体制的建议 ·········· 136
9.2.4 对提高农牧民总体生活满意度的建议 ·········· 139

参考文献 ·········· 141

第1章 导　　论

1.1　研究背景与意义

1.1.1　研究背景

2012年党的十八大报告和2013年11月12日通过的《中共中央关于全面深化改革若干重大问题的决定》中都明确了我国农村工作和城镇化工作的重点和目标[1]。十八大报告中强调"国家要加大对农村和中西部地区扶持力度，支持这些地区加快改革开放、增强发展能力、改善人民生活"。[2] "坚持走中国特色新型工业化、信息化、城镇化、农业现代化道路……促进工业化、信息化、城镇化、农业现代化同步发展。" "加大对革命老区、民族地区、边疆地区、贫困地区扶持力度。"[3] 同时，中央对于促进城镇化的发展也提出了指导意见，即促进城镇化健康发展，就要坚持城乡统筹，使城镇化和新农村建设协调发展，指出我国长期以来形成的城乡二元管理的体制和机制已不适应城镇化快速发展的要求，需要从全面建成小康社会全局的高度统筹城镇化发展和新农村建设，使公共服务进一步向农村地区延伸；改善农村居住和生活条件，使广大乡村居民共享改革开放的成果。[4]《中共中央关于全面深化改革若干重大问题的决定》中提出要完善城镇化健康发展体制机制，坚持走中国特色新型城镇化道路，推进以人为核心的城镇化。[3] 新型城镇化与传统城镇化的最大不同，在于新型城镇化是以人为核心的城镇化，注重保护农民利益，与农业现代化相辅相成。新型城镇化不是简单的城市人口比例增加和规模扩张，而是强调在产业支撑、人居环境、社会保障、生活方式等方面实现由"乡"到"城"的转变，以及城乡统筹和可持续发展，最终实现"人的无差别发展"。[5]

就业是民生之本，党的十八大报告和《中共中央关于全面深化改革若干重大问题的决定》中对就业工作也做了明确阐述，提出健全促进就业创业体制机制，也提出了从量到质的提升的新要求。十八大报告对就业提出的新要求主要包括两个方面：一是推动实现更高质量的就业，二是鼓励创业。"高质量就业"主要有这样几个方面：一是充分的就业机会；二是公平的就业环境；三是良好的就业能力；四是和谐的劳动关系。从个体来看，首先是劳动者可以通过更高质量的就业增加收入来满足自身和家庭成员的生活需要，其次是有就业能力的劳动者可以通过就业融入社会并共享经济社会发展成果，最后是劳动者通过就业获得自身发展的机会。[6]建立经济发展和扩大就业的联动机制，健全政府促进就业责任制度；完善扶持创业的优惠政策，形成政府激励创业、社会支持创业、劳动者勇于创业新机制；完善城乡均等的公共就业创业服务体系，构建劳动者终身职业培训体系。[7]

对于西藏自治区来说，新型城镇化建设下西藏区域可持续发展的关键在于提升农牧民家庭的可持续生计能力。农牧民家庭的可持续生计能力是诸多因素共同作用的结果，农牧民家庭可获得的生计资本影响具体生计策略和就业，并最终制约农牧民家庭走向可持续发展的行动能力与国家政策的实施效果。此外，西藏农牧民在新型城镇化建设等外力作用下经历的社会变迁和由政府介入和主导的资源重新配置，会产生外力作用下的能力损失，这种损失不仅仅是资产和物质的损失，还包括了就业能力的损失和抵御风险能力的损失，同时也包括了人力资本积累能力的损失等。关注农牧民的能力受损情况，以及农牧民可持续能力再造是实现西藏区域可持续发展的关键。因此，在政策制定和推行过程中要充分调研、分析和论证，通过构建可持续生计框架，引导和推动农牧民和区域的良性可持续发展。农牧民家庭可持续生计框架的构建需要纳入国家、市场及社区 3 个互动结构域中进行综合分析，必须充分考虑整合性、多元包容性及关注能力建设和能力再造。

本书主要基于以上政策和现实背景展开深入研究。

1.1.2 研究意义

本研究以中国共产党第十八次全国代表大会、中国共产党第十届中央委员会第三次全体会议和中央第五次、第六次西藏工作座谈会的精神为政策支撑，以新型城镇化建设内涵和城乡统筹发展目标为背景，通过对西藏农牧民可持续生计和就业问题的实证分析，提出通过引导和帮助农牧民家庭通过生计资本的提升，实现农牧民能力再造和可持续发展，以推动区域可持续发展的政策框架和路径建议。研究的意义主要体现在现实意义和理论意义两个方面。

1. 现实意义

通过本研究相关理论梳理和实证分析，对西藏农牧民家庭在新型城镇化建设背景下生计资本、生计策略和农牧民就业现状及问题的调查和分析，深入了解当前农牧民家庭生计现状及生计维持系统特征，并尝试通过可持续性生计方法了解影响农牧民家庭生计策略选择的因素,强化影响生计策略的积极因素,完善农牧民家庭可持续生计框架,提出适应新型城镇化建设和城乡统筹协调发展、促进西藏农牧民和区域可持续发展的政策建议,其路径选择对其他藏区也有很强的借鉴意义。

2. 理论意义

基于西藏新型城镇化建设和城乡统筹协调发展以促进和改善农牧民可持续生计背景下,本书通过对农牧民家庭生计资本和生计策略的现状分析和对策的提出,对国内基于可持续生计理论现实问题的研究,尤其是对民族地区特别是藏区现实问题的研究进行了较好的补充和完善。

1.2 研究视角、技术路线与方法

1.2.1 研究视角

本研究是基于西藏农牧民的视角,以可持续生计理论、新型城镇化理论和脆弱性理论为基础,对农牧民家庭可持续生计资本和生计策略现状进行调查分析,掌握其生计资本及影响其生计策略的问题,以及生计脆弱性的原因,并结合新型城镇化建设的内涵,提出新型城镇化建设背景下农牧民家庭可持续生计策略的路径选择和对策建议。

1.2.2 研究思路

本研究立足于可持续生计理论、新型城镇化建设内涵和城乡统筹协调发展目标及脆弱性风险防范,以西藏农牧民的可持续生计问题为导向,在文献研究基础上,通过对西藏农牧民家庭的可持续生计(主要是生计资本和生计策略)及农牧民就业问题的深入调查,进行综合、系统性的研究,并分析不同生计策略对农牧民生计的影响,从规律中总结出符合该区域城乡协调发展,以及具有可操作性和指导作用的农牧民可持续生计策略的思路、对策和建议,如图 1.1 所示。同时,探讨新型城镇化建设背景下,区域和地方政策促进农牧民可持续生计能力的功能与作用。

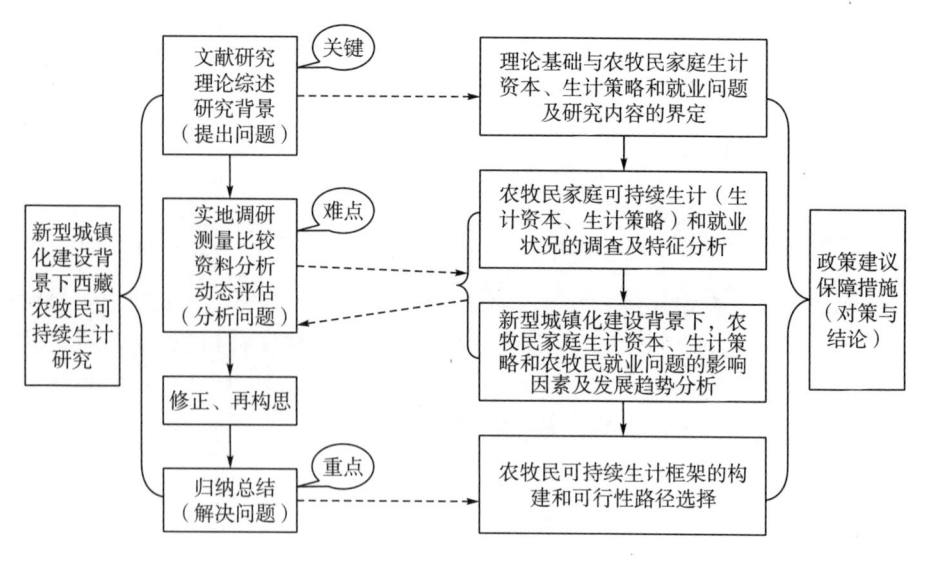

图 1.1　研究思路

1.2.3　研究方法

本研究综合运用文献分析法、实证分析法、规范分析法和定性与定量相结合的分析方法展开研究。

实证分析法：运用实际调研法、统计分析法及对比法，比较分析国内外可持续生计理论和西藏农牧民家庭生计资本、生计策略和农牧民就业现状及影响因素，探索新型城镇化建设背景下全面构建西藏农牧民可持续性生计框架。

规范分析法：在大量调查和查阅分析文献资料的基础上，依据最新的国家政策和发展目标理性思考，使研究结果对西藏农牧民和区域的可持续发展具有可操作性。

定性与定量相结合的分析方法：重视定性与定量分析的结合，找出新型城镇化建设背景下影响西藏农牧民可持续生计的规律性、普遍性问题，总结出符合该区域可持续发展的、改善农牧民可持续生计的新思路。

1.3　研究范围、内容与结构

1.3.1　研究范围

依据西藏主体功能区规划，西藏有国家和自治区两个层面的重点开发区域。国家层面的重点开发区域主要是藏中南地区，该区域包括拉萨—泽当城镇圈（一是拉萨区域城镇，区域范围包括拉萨市城关区、堆龙德庆区、达孜区、曲水县、墨竹工卡县；二是山南区域城镇，区域范围包括山南市乃东区、贡嘎县、扎囊县）；雅鲁藏布江中上游城镇，区域范围包括日喀则市桑珠孜区、白朗县、江孜县；尼洋河中下游城镇，区域范围包括林芝市巴宜区城区和林芝镇；青藏铁路沿线，区域范围包括拉萨市当雄县当曲卡镇，那曲市色尼区那曲镇。自治区层面的重点开发区域主要包括藏东、藏西和边境地区重点城镇、藏中重点开发城镇等四个区域，其功能定位是本地区今后工业化和城镇化的重点区域，承接限制开发和禁止开发区域的人口转移，支撑本地区经济发展和人口聚集的重要空间载体。[8]藏东重点开发的城镇区域范围是昌都市卡若区城关镇、芒康县嘎托镇、丁青县丁青镇、察雅县烟多镇、江达县江达镇、索县亚拉镇，以及波密县扎木镇；藏西重点开发的城镇区域范围是噶尔县狮泉河镇、札达县托林镇；边境地区重点开发的城镇区域范围是普兰县普兰镇、吉隆县吉隆镇、聂拉木县樟木镇、亚东县下司马镇、错那县错那镇、察隅县竹瓦根镇、墨脱县墨脱镇、定结县陈塘镇和日屋镇；藏中重点开发的城镇区域范围是日喀则市拉孜县曲下镇、南木林县南木林镇和谢通门县卡嘎镇，山南市曲松县曲松镇、加查县安绕镇，那曲市索县亚拉镇、安多县帕那镇。

结合以上两个层面的重点开发区的区域范围，本课题的研究范围确定以西藏自治区近些年城镇化建设和发展相对较快的区域为调查地点，主要在拉萨市、日喀则市、山南市、林芝市和那曲市展开调查。

1.3.2 研究内容和结构

本研究通过实地调查，了解西藏农牧民家庭的生计资本、生计策略和农牧民就业情况，总结当前西藏农牧民家庭生计框架的基本结构和特征；结合新型城镇化建设和城乡统筹协调发展目标，对西藏农牧民家庭的生计资本、生计策略和农牧民就业问题进行深入分析，明确其对农牧民可持续发展的影响；以西藏农牧民的可持续生计为切入点，从宏观因素和微观因素入手，系统分析在新型城镇化建设背景下西藏农牧民可持续生计和就业的影响因素，总结规律，探讨农牧民家庭可持续生计框架构建的必要性、可行性与现实路径，并提出政策建议。

本书共 9 章，可分为四大部分，通过对西藏农牧民家庭的调查，了解和把握在新型城镇化建设背景下农牧民家庭的可持续生计资本、生计策略，以及农牧民就业的现状、问题、原因，并进行深入分析，提出对策建议。研究内容框架如图 1.2 所示。

第一部分，研究的导论部分，包括研究的背景、意义，技术路线和研究方法，研究范围、内容与结构，数据的取得，调查地点，调查基本情况和研究的创新与不足等内容(第1章,导论)。

第二部分,对学界已有研究成果的总结,对本研究相关理论进行梳理(第2章,文献与研究综述;第3章,研究的理论基础)。

第三部分,在对西藏城镇化发展现状分析的基础上,对新型城镇化背景下西藏农牧民家庭的可持续生计资本、生计策略现状、农牧民就业及总体生活满意度的现状、问题与影响因素的具体分析研究(第4章,西藏城镇化发展与新型城镇化建设;第5章,西藏农牧民家庭可持续生计资本和生计策略现状及影响因素分析,包括对人力资本、自然资本、物质资本、金融资本、社会资本与生计策略类型的分析;第6章,西藏农牧民家庭可持续生计资本影响因子的分析;第7章,西藏农牧民就业与培训现状及问题分析;第8章,西藏农牧民生活满意度情况分析)。

第四部分,在对研究结论进行总结的基础上,对在新型城镇化建设背景下西藏农牧民可持续生计与就业问题,以及西藏农牧民可持续发展进行思考并提出政策建议(第9章,主要结论与政策建议)。

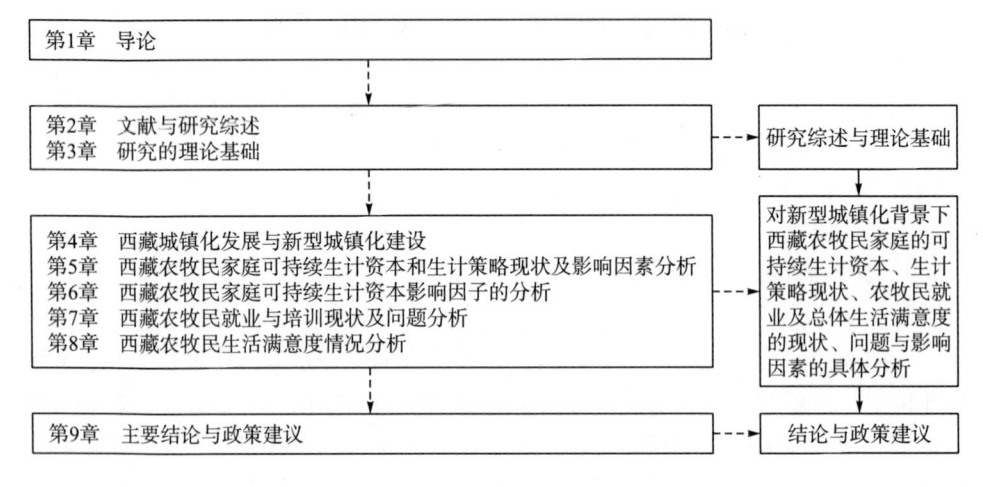

图1.2 研究内容框架

1.4 研究用数据与问卷调查

1.4.1 研究用数据

本研究的宏观数据主要来源于官方统计数据(如《中国统计年鉴》和《西藏统计年鉴》,详见具体说明),微观层面的数据则全部来源于对西藏农牧民家庭入村入户的实际问卷调查。

1.4.2 问卷调查

1. 调查问卷的设计与目的

本研究调查问卷的设计以国内外相关研究及理论的实践和最新发展为基础，并结合研究的实际需要进行设计，实际调查问卷的内容涉及家庭成员的构成状况、家庭生产情况、家庭全年收入和消费支出情况、人力资本情况、自然资本情况、金融资本情况、物质资本情况、社会资本情况、生计策略情况、就业与培训情况等。问卷调查的目的是了解新型城镇化背景下农牧民家庭可持续生计资本和生计策略的现状并进行数据收集，以便分析农牧民家庭生计资本和生计策略选择与农牧民就业的具体影响因素及问题，并通过分析得出结论、提出建议。

本研究调查问卷在设计时所用题目力求简洁确切、针对性强，并尽量做到：问卷主题明确，所有问题都与研究主题和内容有关；语言简明准确，避免影响理解与问答；问卷所涉及的问题由浅入深，并注意其间的联系，以便被调查者可以连贯回答。

2. 问卷调查的实施

本研究问卷调查采取调查员面对面访谈与问卷填写相结合的方式。设计问卷时，在明确研究内容和目的的基础上，首先与有调查经验的专家和教师进行详细的交流，并与西藏部分农牧民进行交谈；接着参考相关文献设计了最初的问卷，并于 2015 年 6 月对问卷进行了一次 50 户的小样本预调查。通过小样本预调查，客观地检验了问卷初稿，发现了实际调查中存在和面临的问题及问卷设计的不足，剔除了相关度较低的测量项目，保证了问卷测量项目的效度和信度。[9]

由于调查地区是藏区，调查对象基本是藏族，因此在调查员的选择上，考虑到被调查对象的特殊性，从西藏大学抽选了精通藏语和汉语且生源地为西藏当地的大三、大四本科生和硕士研究生作为入户调查员，并在入户调查前对他们进行了问卷内容和调查方法的全面、系统的培训，以确保问卷调查的质量和效果。

由于很多农牧民受教育程度较低，藏汉文水平均不高，再加上问卷翻译成藏文后出现很多文字使用习惯和术语翻译等问题影响农牧民对问卷的理解和回答，因此虽然有很多农牧民不懂汉语、不识汉字，但是考虑到对调查内容理解的统一性，在调查时统一采用汉文问卷，调查员先以藏语解释问卷的问题和回答选项，再让农牧民回答和选择。在接受充分培训后，调查员走村入户与农牧民面对面交谈并填写调查问卷。西藏被调查区域的入户问卷调查自 2015 年 8 月开始到 11 月结束。由于项目研究需要，2016 年 7～8 月又对部分地区进行了补充调查。

3. 调查地点的选择及其基本情况

西藏自治区土地面积为 122.84 万平方千米，约占全国陆地总面积的 1/8。它位于素有"世界屋脊"之称的青藏高原西南部，北邻新疆，东连四川，东北紧靠青海，东南连接云南，南北最宽 900 多千米，东西最长达 2000 多千米，平均海拔在 4000 米以上。拉萨市、日喀则市和山南市人口稠密，经济相对发达，是西藏自治区政治、经济、文化的中心区域，产业结构较齐全，产值比重最大。

西藏自治区行政辖区如表 1.1 所示。

表 1.1　西藏自治区行政辖区

市、地区	管辖县
拉萨市	管辖 5 个县、3 个市辖区。拉萨市城关区、堆龙德庆区、达孜区、林周县、尼木县、当雄县、曲水县、墨竹工卡县
昌都市	管辖 10 个县、1 个市辖区。卡若区、左贡县、芒康县、洛隆县、边坝县、江达县、贡觉县、类乌齐县、丁青县、察雅县、八宿县
林芝市	管辖 6 个县、1 个市辖区。巴宜区、米林县、朗县、工布江达县、波密县、察隅县、墨脱县
山南市	管辖 11 个县、1 个市辖区。乃东区、扎囊县、贡嘎县、桑日县、琼结县、洛扎县、加查县、隆子县、曲松县、措美县、错那县、浪卡子县
日喀则市	管辖 17 个县、1 个市辖区。桑珠孜区、南木林县、江孜县、定日县、萨迦县、拉孜县、昂仁县、谢通门县、白朗县、仁布县、康马县、定结县、仲巴县、亚东县、吉隆县、聂拉木县、萨嘎县、岗巴县
那曲市	管辖 10 个县、1 个市辖区。色尼区、申扎县、班戈县、聂荣县、安多县、嘉黎县、巴青县、比如县、索县、尼玛县、双湖县
阿里地区	管辖 7 个县。噶尔县、普兰县、札达县、日土县、革吉县、改则县、措勤县。行署设在噶尔县

资料来源：西藏自治区政府门户网站(http://www.xizang.gov.cn/xwzx/ztzl/rsxz/)。

本研究调查依据西藏主体功能区规划尽可能将所要采集的样本集中在西藏城镇化发展较快、人口聚集程度相对较高的县、乡和镇的村落进行。

本研究共发放 650 份调查问卷，回收可用问卷 591 份。调查地点和回收可用问卷主要分布在拉萨市、日喀则市、山南市、林芝市和那曲市，具体为拉萨市达孜区 30 份、尼木县 40 份和当雄县 38 份；日喀则市桑珠孜区 41 份、谢通门县 31 份、定结县 5 份、白朗县 31 份、萨迦县 39 份、康马县 29 份、拉孜县 59 份、江孜县 1 份、南木林县 117 份；山南市扎囊县 28 份；林芝市工布江达县 30 份、波密县 61 份；那曲市比如县 11 份。由于交通、气候和城镇化发展问题较特殊等原因，本研究未涉及的调查区域是昌都市和阿里地区。

本研究具体调查样本来自西藏 16 个县 26 个乡镇的 51 个行政村(见表 1.2)，具体为拉萨市达孜区帮堆乡帮堆村；拉萨市尼木县帕古乡彭岗村和帕古村；拉萨市当雄县龙仁乡郭庆村；拉萨市当雄县公塘乡冲嘎村；日喀则市谢通门县娘热乡果索村；日喀则市谢通门县荣玛乡吴坚村和东嘎村；日喀则市定结县郭加乡乃村；日喀则市白朗县杜琼乡杜琼村；日喀则市白朗县曲奴乡彭嘎村；日喀则市萨迦县麻布加乡白拉村；日喀则市萨迦县赛乡西贡村；日喀则市萨迦县雄麦乡雄麦村、玉琼村、曲堆村、嘎布且村；日喀则市萨迦县拉洛乡达那村和曲洛村；日喀则市康马县康如乡白加村；日喀则市桑珠孜区年木乡普嘎村；日喀则市桑珠孜区边雄乡甲根村；日喀则市江孜县加克西乡强村；日喀则市拉孜县查务乡加嘎村、查务村；日喀则市拉孜县曲下镇曲下村、木村；日喀则市南木林县艾玛乡恰热村；日喀则市南木林县土布加乡夏雪村、贡西村、朗布村、夏如村、玛格达村、门嘎村、东普村、江玛坚村、岗嘎村；日喀则市南木林县南木林镇雪麦村、仁欧村、嘎布村；山南市扎囊县吉汝乡若村村、吉汝村；林芝市波密县扎木镇扎木社区、卡达村、巴琼村、桑登村；林芝市工布江达县加兴乡罗马林村；那曲市比如县扎拉乡美日村、桑布村、昂秀村、扎拉村。

表1.2 调查地点和样本基本情况

调查地区/市	调查县域	调查乡镇	调查村	样本数
拉萨市	达孜区	帮堆乡	帮堆村	30
	尼木县	帕古乡	彭岗村、帕古村	40
	当雄县	龙仁乡	郭庆村	1
		公塘乡	冲嘎村	37
日喀则市	谢通门县	娘热乡	果索村	1
		荣玛乡	吴坚村、东嘎村	30
	定结县	郭加乡	乃村	5
	白朗县	杜琼乡	杜琼村	3
		曲奴乡	彭嘎村	28
	萨迦县	麻布加乡	白拉村	2
		赛乡	西贡村	2
		雄麦乡	雄麦村、玉琼村、曲堆村、嘎布且村	12
		拉洛乡	达那村、曲洛村	23
	康马县	康如乡	白加村	29
	桑珠孜区	年木乡	普嘎村	1
		边雄乡	甲根村	40
	江孜县	加克西乡	强村	1
	拉孜县	查务乡	加嘎村、查务村	3
		曲下镇	曲下村、木村	56

续表

调查地区/市	调查县域	调查乡镇	调查村	样本数
	南木林县	艾玛乡	恰热村	1
		土布加乡	夏雪村、贡西村、朗布村、夏如村、玛格达村、门嘎村、东普村、江玛坚村、岗嘎村	49
		南木林镇	雪麦村、仁欧村、嘎布村	67
山南市	扎囊县	吉汝乡	若村村、吉汝村	28
林芝市	波密县	扎木镇	扎木社区、卡达村、巴琼村、桑登村	61
	工布江达县	加兴乡	罗马林村	30
那曲市	比如县	扎拉乡	美日村、桑布村、昂秀村、扎拉村	11

1.5 研究的创新与不足

1.5.1 研究的创新

从宏观层面来讲，本研究的创新主要体现在研究范式、研究内容和研究对象上。从基本理念与研究范式上，注重农牧民在外力作用下的社会变迁中从生计维持性向生计可持续性研究理念与范式的转变；从研究内容和对象上，结合国家及区域最新发展政策和目标，针对西藏农牧民，以实证研究为基础，系统分析探讨农牧民家庭可持续生计和农牧民就业问题，并构建可持续生计框架，在民族问题研究领域尤其是对西藏方面的研究来说具有一定的创新性。

从微观层面来讲，本研究在以下几个方面有一定的创新和进步。首先，本研究在广泛调查、获取大量第一手资料的基础上，运用计量回归模型和多种分析方法，进行了规范与实证相结合的分析，尽可能从不同角度分析和揭示新型城镇化背景下西藏农牧民家庭可持续生计和农牧民就业的现状、问题及影响因素。其次，基于农牧民的视角，通过对新型城镇化背景下西藏农牧民家庭的生计资本与生计策路，以及就业现状、问题与影响因素的分析，使城镇化与新型城镇化研究和西藏农牧民的社会变迁等问题的研究内容更为客观全面。最后，对地处青藏高原的西藏农牧民家庭在新型城镇化背景下生计策略选择和可持续生计资本构建困难与期望方面进行了较为全面的把握，并结合西藏的实际情况及特点，提出了一些更具现实意义的改善西藏农牧民家庭可持续生计与农牧民就业现状、推动农牧民可持续发展和新型城镇化建设的政策建议。

1.5.2 研究的不足

本研究的不足和有待进一步研究的问题具体归纳如下。

(1)由于调查地点分布在西藏各地，地域广阔，且加上气候、交通条件复杂等原因，研究所搜集调查到的资料还相对有限，对被调查地区城镇化与新型城镇化发展进程和具体问题，以及西藏农牧民可持续生计与就业问题的历史性研究还不够，本研究仅对现状、原因和问题进行了分析，对于历史进程的描述和因素分析还有待进一步深入。

(2)由于各种原因，本研究对于乡镇基层组织和政府部门的调研和资料搜集不够，以致于在研究这一问题时，大多只能利用官方统计资料，并侧重于基于农牧民的视角进行研究问题的整理、归纳和分析，这也需要将来进一步完善和深入。

第 2 章　文献与研究综述

2.1　新型城镇化研究

2.1.1　对新型城镇化内涵与核心的研究

单卓然、黄亚平的研究指出新型城镇化是以民生、可持续发展和质量为内涵，以追求平等、幸福、转型、绿色、健康和集约为核心目标，以实现区域统筹与协调一体、产业升级与低碳转型、生态文明和集约高效、制度改革和体制创新为重点内容的崭新的城镇化过程。[10]熊辉、李智超认为城镇化是指城市的生活方式、城市的文明程度及城市价值观念向农村扩散和渗透的过程。[11]这一过程具体表现为：农村人口比重日渐降低、城镇人口比重日渐提高；农业从业人员越来越少，非农产业从业人员越来越多；城市文化在全社会的主导地位日益提高，乡村文化的影响越来越小；越来越多的农民思想观念得到更新、落后习惯得到改造、综合素质明显改善。[12]李爱民认为，全面提升城镇化的质量是新型城镇化的内在要求，实现城镇化的速度与质量并重是城镇可持续发展和评判美丽中国的标尺。[13]倪鹏飞指出新型城镇化的基本内涵是以科学发展观为指导方针，以人口城镇化为核心内容，以"内涵增长"为发展方式，走可持续发展道路。[14]岳文海提出我国新型城镇化发展面临的挑战主要有：产业拓展和充分就业挑战；粮食安全和土地资源挑战；资源承载和生态环境挑战；基础设施和融资开发挑战；体制机制和管理能力挑战。[15]

徐选国、杨君指出，本质上新型城镇化就是要实现农村转移人口的城镇化和市民化，以农村转移人口为核心，通过政治、经济、文化、社会、生态等多元目标协调推进，实现城乡民众在公共服务获取、社会保障供给，以及其他公民权利均衡分配等目标，以达到幸福生活的状态。[16]王新越等认为，新型城镇化应该是以人为核心的城镇化，是城镇功能普遍提升的城镇化，是可持续发展的城镇化，通过城镇化质量的全面提升拉动经济发展，改善人们全面协调可持续发展。[17]陆大道、陈明星认为城镇化是一个巨大的系统工程，推进农业转移人口市民化，解决好人的问题是推进新型城镇化的关键，其核心是强调了"人"的城镇化，在进程上要稳中求进。[18]

2.1.2 我国民族地区新型城镇化问题的研究

安晓亮、安瓦尔·买买提明研究指出要以经济高效为核心，以资源与环境为基础，以社会和谐为发展目标，只有三者有机统一，才能构成新型城镇化完整的内涵。[19]辛冲冲等以这3个层面构建了新型城镇化的二级评价指标体系和新型城镇化水平的定量化评价思路和框架，对新疆15个地、州、市的新型城镇化水平进行了定量评价，[20]为新疆新型城镇化水平的评价提供了定量化研究的基础。[20]

王平以临夏市的实践为个案，从城镇社会结构、城镇民族特色街区、民族特色文化保护与开发，以及社区管理服务制度和机制、生态环境建设等几个方面，来探究民族地区新型城镇化建设的路径与模式，提出民族地区要在全面贯彻经济建设、政治建设、文化建设、社会建设和生态文明建设五位一体的总体布局基础上建设新型城镇。[21]刘七军等以宁夏回族自治区为例，基于分区视角，运用定量和定性分析相结合的方法，对该地区城镇化的发展现状和面临的挑战进行系统分析后认为，宁夏新型城镇化既有发展速度快、规模偏小、质量不高、差异性明显及集聚辐射能力不强的特征，又存在体制机制制约、固有政策约束、发展要素短缺、生态环境脆弱等客观问题。[22]刘洋、姜昳芃认为民族地区新型城镇化发展战略已成为我国经济社会发展的新引擎，而伴随城镇化进程的推进，少数民族群体在融入城市社会过程中也面临着一系列问题与障碍。研究基于包容性民族融合理念的多维度诠释，通过对民族地区新型城镇化发展与包容性发展、慢城理念、民族传承、民族融合的分析，探索民族地区新型城镇化进程中民族交融与和谐民族关系的实现路径。[23]

祁苑玲对红河州推进新型城镇化进程中存在的问题进行分析后提出，推进边疆民族地区的新型城镇化，要在全面统筹规划、实现协调发展，构建宜居城镇、推进人口的有序流动，坚持五化联动、实现城镇化的健康发展，加快城乡一体化进程、夯实统筹发展根基，以集镇为基础、构建以人为本的健康城镇体系等方面着力。[24]唐银青对崇左市县域新型城镇化跨越式发展进行研究后提出：城乡分离的户籍制度和基础设施投资力度是县域新型城镇化发展水平滞后的最主要因素；虽然边疆民族地区的和谐发展关系到民族团结和边疆安全稳定，但是其县域经济基础薄弱，经济发展水平不高，基础设施条件不好，社会发展落后，城镇化进程缓慢。[25]田嘉莉通过对广西14个地级城市的城镇化包容性程度进行分析，发现各城市之间的城镇化包容性程度差异较大，城镇化在为广西带来诸多有利发展条件的同时也出现了诸多不容小觑的问题，即忽视了城镇化真正的主体——农民，由城镇化而引起的排斥性现象日益严重；并结合研究总结出新型城镇化包容性发展主要包括经济社会发展、公平共享、可持续发展和文化包容 4 个方面。[26]

马艳提出少数民族地区新型城镇化在我国新型城镇化的总体要求基础上更加强调少数民族地区特色，不能脱离少数民族地区的现实，鼓励发展模式多元创新和发扬民族特色文化。[27]青觉认为，民族地区的新型城镇化建设具有普遍性与特殊性要求，需要正确处理常住人口城镇化与户籍人口城镇化、人口城镇化与土地城镇化、城镇化与工业化的关系，新型城镇的现代元素与民族地方元素、民族地区城镇化与生态保护、市场和政府、城镇聚集功能与辐射功能、民族地区大中小城市和小城镇、外部支援与民族地区内生发展等关系。[28]房冠辛、张鸿雁认为，新型城镇化的表象特征是农村人口进城，而在本质上是传统乡村社会的解体和现代城市生活方式的传播与建构，民族地区新型城镇化的建设还要根据民族地区发展的实际创造适合本地区的城市化发展路径。[29]杨宜勇的研究认为民族地区新型城镇化要从城镇化方向、模式和制度上进行创新。[30]

2.1.3 西藏和我国其他藏区新型城镇化问题的研究

周兴维认为由于青藏高原地理生态环境的限制，中国藏区很难通过发展工业、升级农牧业来提高 GDP 从而推进城市化或城镇化，从经济角度看，藏区的产业结构调整殊为艰难，"一产低效，二产稀少，三产高"，长期难以形成"增长极"或城镇经济辐射圈。[31]马鸿谡提出以人为本，走发展民族文化产业、扶持区域特色产业驱动城镇化的新型城镇化道路是西藏自治区实现可持续发展的必然选择。西藏经济发展滞后，产业结构不合理，地广人稀，生态环境脆弱，导致西藏城镇化道路困难重重。具体来说：一是城镇化发展水平低，发展速度慢；二是城镇规模小，辐射功能弱；三是城镇职能单一，缺乏城镇化的内在动力机制。提出的发展策略包括：①建立"产城融合"的城镇化动力机制；②以人为本促进农村转移人口的市民化；③以城镇化保护文化传承和民族特色；④援助政策的调整。[32]方创琳、李广东的研究指出西藏的新型城镇化发展有着特殊自然本底、特殊发展性质、特殊发展阶段、特殊发展动力和特殊发展格局五大特殊性，建议采取就近就地镇民化的渐进城镇化模式，实现以小城镇为主导的农牧民镇民化，而非市民化；推进以农牧民社区建设为主导的渐进城镇化，以标准化农牧民社区拉动人口集聚。[33]曹尤认为，新型城镇化在支撑力、推动力、牵引力和自我更新力四个方面与地方政府职能转变的动因紧密相关；地方政府则在履行经济、政治、文化、社会、生态五项职能的过程中全面促进新型城镇化又好又快发展。最后，治理主体多元化、关系网络化和工具市场化，构成拉萨市新型城镇化中地方政府职能转变的行动框架；并提出了拉萨市新型城镇化与地方政府履职可能面临的诸多挑战。[34]李国栋认为西藏城镇化过程中还存在城乡二元结构突出、农牧民转移就业难度大、城镇规模分散、基础设施建设滞后、城镇产业支撑能力弱、"三二一"结构质量低和城镇经济能力弱、缺乏辐射能力的问题。通过分析原因提出应加大旅游业为主导的产业发展的路径、多中心集聚和适度整合的人口转移路径、"市、镇、村一体"的产业联动发展路径三种。[35]史云峰研究认为，西藏的城镇化存在着许多显著特点和特殊性，其内涵具有自身的新意和特征。西藏城镇化的特征包括：①西藏全区的经济社会发展存在较大的地区差异；②西藏新型城镇化与城乡协调发展如何结合统一；③西藏新型城镇化的难点是农牧区人口的转移就业；④西藏人口的就业结构与产业结构十分特殊；⑤西藏推进新型城镇化需要国家特殊政策的支持。[36]

王弘等以四川阿坝藏族羌族自治州为例探索民族地区的新型城镇化问题，总结出四川民族地区起步晚、基础差、路径单一等特征，城镇化滞后与地理区位、自然条件、产业基础等因素密切相关，未来要通过基础设施建设、人力资本投资、"三化互动"等方式推进民族地区城镇化。[37]丁波、李雪萍认为四川藏区的城镇化处于初始化阶段，主要靠外部的推动发展。结合费孝通教授小城镇建设思想对四川藏区城镇化建设的启示：加强与内地的人口流动；发展特色经济，挖掘经济发展潜力；重视各层次教育，提高人口素质；合理规划中心镇，加强基础设施的建设。[38]丁波、李雪萍提出藏区发展以旅游业为主的高原特色经济；不断完善公共服务设施和发展绿色城镇。藏区新型城镇化发展中还应注意传统和现代这两个文化要素的融合，才能走好新型城镇化的发展路径。[38]马桂芳认为，新型城镇化既体现在城市人口的快速增长方面，又是区域性城市化消费理念[39]的改变和生活水平的综合性提升，以及减少污染、有利于生态环保的绿色发展方式。所以，较具代表性且符合青海藏区现实的新型城镇化，是由农牧业人口占很大比重的传统生产生活方式向非农牧业人口占多数的现代文明社会转变的必然趋势，是衡量未来藏区现代化过程的重要标志。[40]任啸、赵川研究归纳出四川藏区旅游城镇化的发展逻辑在于采取"不平衡发展战略"以推动城镇化和现代化，实现后发优势；而旅游城镇化的动力则源于旅游经济发展及政府政策推动，并由此产生"飞地"和"全域旅游"两种典型模式。总结藏区旅游驱动新型城镇化的路径：①按照旅游目的地体系布局构筑旅游城镇化的地理空间路径；②推进以旅游为主导的三产融合的产业发展路径；③实施旅游业拉动第一产业向第三产业的人口转移路径。[41]杨丹的研究以四川九寨沟县为例，认为旅游业推进新型城镇化发展已成为民族地区经济社会可持续发展的重要途径。[42]李娜以甘孜州康定市为例，通过 SWOT 模型分析研究认为，新型城镇化是大中小城市和小城镇及新型农村社区协调发展共进的城镇化。[43]

吴晓梅以天祝藏族自治县作为研究对象，指出藏区绿色城镇化是将"绿色"

的内涵和要求贯穿于城镇化的全过程,是绿色发展理念的具体践行路径,是城镇化的绿色化。[44]

2.2 可持续生计研究

2.2.1 可持续生计资本的整体研究

袁斌认为,随着城市化的快速推进,"无地、无业、无保障"的失地农民越来越多,通过对国内外关于和谐社会、可持续生计和失地农民文献的研究,得出影响构建失地农民可持续生计的综合模型[45]。苏芳等讨论了可持续生计框架在规划确认和设计、规划新的项目和检查评估现有发展活动中的应用[46]。赵雪雁以甘南为例研究指出,提高农牧民的生计资本是典型的生态环境脆弱区消除贫困、保护环境、可持续利用自然资源的基础与关键[47]。黄建伟基于失地农民"可持续生计"问题相关性强的文献分析,提出了改进获取数据的方法和建立结构方程模型的研究设想[48]。李佳在其研究中提到 20 世纪 90 年代以来,中国城市中形成了庞大的贫困群体,并以上海市区的城市低保家庭作为样本,从低保家庭人力资本、社会资本和经济资本三个层面来描述低保家庭生计资本的现状,结合内外部影响因素,提出了构建政府支持系统、构建社区支持系统、构建企事业单位支持系统和构建个人初级关系网络支持系统等以使城市低保家庭生计资本积累及有效运行的建议[49]。周易指出失地农民的生计问题已经成为中国城市化发展不得不重新思考的一个严峻问题,并从社会学、发展学及相关学科的角度研究失地农民的生计问题,在遵循可持续生计理论和框架的前提下,全面而系统地围绕失地农民的生计资本、生计策略及其生计资本对生计策略影响等方面对失地农民目前生计的现状、特点和造成其生计不可持续的深层次原因进行描述和分析,从而为更好地解决失地农民的生计问题,维持并持续性地使失地农民的生计向更好的方向发展提供更加有力的理论支撑[50]。李继刚、毛阳海通过可持续生计分析框架对西藏贫困人口的分析,指出农牧区贫困人口生计资本整体脆弱,他们所能选择的生计策略有限,导致贫困与生态环境问题严重。[51]

开展农户可持续生计研究对于解决农村贫困问题,促进农村社会经济可持续发展具有重要意义。[52]何仁伟等提出了中国农户可持续生计研究的主要趋向表现为跨学科综合性、系统性研究,新技术方法的综合与动态研究,农户可持续生计与贫困问题研究,城乡转型期农户可持续生计研究,重点区域的农户可持续生计研究[53]。卢娟以城镇化发展理论和可持续生计理论为指导,以凤凰县为例对旅游发达地区失地农民开展实地调查研究,发现农民的市民化障碍和生计不可持续等现象严重，指出造成旅游发达地区失地农民生计不可持续的因素复杂多样，提出了从中央政府及省级政府、地方基层政府和失地农民自身三个角度出发来解决旅游发达地区失地农民生计不可持续问题的对策建议[54]。高红艳构建了山西省失地农民可持续生计概念模型，研究发现金融资本、社会资本、人力资本所构成资产组合的配置效率对失地农民的生计状况影响深刻，提高失地农民可行能力是维持可持续生计的关键[55]。唐轲运用英国国际发展部（Department For International Development，DFID）建立的可持续生计分析框架（Sustainable Livelihood Approach，SLA），基于陕西省西安市周至县退耕山区的实地调查数据，建立生计状况评价指标体系，指出退耕还林对农户生计策略的改变并没有达到当初预期的巨大效果。[56]张志强以可持续生计分析框架为指导思想，分析农户追求可持续生计所面临环境的变化，研究指出生计资本存量与生活满意度呈正相关，即生计资本存量较高的农户，生活满意度较高，反之生活满意度较低，为生计资本对农户生计的影响提供了主观验证[57]。贺琦指出失地农民是社会转型时期的特殊群体，失地农民问题的有效解决需要社会保障制度发挥积极的作用，提出了以人力资本为主的失地农民生计策略、以社会资本为主的失地农民生计策略和以金融资本为主的失地农民生计策略；并指出可持续生计视角下构建的失地农民社会保障体系有助于提升失地农民的人力资本、社会资本和金融资本。[58]彭义铮以重庆市南川区新城区失地农民为研究对象，把社会支持划分为物质支持、精神支持和就业性支持3个维度，从正式社会支持和非正式社会支持两个方面来探析城郊失地农民社会支持现状，并就完善城郊失地农民社会支持体系提出建议。[59]崔玉玺以西安市长安区的失地农民为调研对象，结合社会学、农业经济学等方面的相关理论，在可持续生计框架的指导下，结合失地农民生计现状、存在的问题及影响因素，提出了改革土地征用制度，保护失地农民的合法权益、完善和落实失地农民社会保障制度、深化人力资本的积累、拓宽就业渠道，鼓励自主就业来推进失地农民生计可持续的建议[60]。汤青等指出农户可持续生计问题是黄土高原自实施生态退耕政策以来备受关注的关键科学问题之一；并通过构建可持续生计效益评价模型，对黄土高原农户可持续生计效益进行了分级评价，分析了不同类型农户的可持续生计效益差异[61]。

安祥生等提出晋西北生态脆弱区农民城镇化现象呈规模性增长趋势，提出通过形成"城镇化农民生计非农化—农地流转—农地规模经营—农村居民收入提高—生态恢复保护"互动关系链，可以为降低晋西北生态脆弱区土地人口压力和恢复其生态环境开辟新途径，而这条关系链存在的关键则是城镇化农民的可持续非农生计[62]。吴清新以海南省文昌市的被征地农民作为研究对象，以可持续生计的视角对城市化进程中的被征地农民的生计问题进行研究，描述和分析影响被征地农民可持续生计的不同因素，指出建立一套能够让被征地农民维持可持续生计的社会支持制度尤为重要,并提出了一系列提高被征地农民的可持续生计能力社会支持政策建议[63]。陈卓等在研究中基于浙江省集体林区4县16个村庄192个农户的实地调查数据,分析了不同类型农户生计资本的差异及其对自身生计满意度评价[64]。胡宗潭在生态文明建设与改善民众生计的大背景下,结合中国具体国情,在相关理论研究的基础上,引入可持续生计分析框架,以生态脆弱区及贫困地区福建省长汀县为典型案例,分析了典型生态脆弱区与贫困地区长汀县的贫困原因,从自然、物质、金融、社会、人力等生计资本角度揭示影响该地区可持续发展的主要原因,构建了生态脆弱区可持续生计评价体系。[65]苏冰涛以陕南秦巴山区"生态贫民"为研究对象,提出妥善解决"生态贫民"的赔偿、补偿与社会保障问题,保证"生态贫民"自身可持续生计的发展,维护"生态贫民"的合法权益,推动区域协调发展,是中国可持续发展进程中需要解决的重要问题[66]。吕伟伟通过对甘肃的研究指出对贫困程度深、贫困面积大、基础设施薄弱、生态异常脆弱、自然灾害多发和农户生计尤为脆弱的地区必须用生计可持续发展的观点来研究和探讨外力介入下贫困农户减贫脱贫的理论和实践问题[67]。王世靓、谢兵以西部Q省X市Z区100户城市贫困家庭为调查对象,在可持续生计框架下,对贫困、城市贫困、城市贫困家庭做了阐释,指出生计资本就是指人们所依赖的、用以维持家庭生存和发展的各种资源,提出政府可从生存措施和发展措施两方面入手,来实现贫困家庭持续稳定的发展;转变观念,采取有针对性的措施和行动。[68]孙海兵通过对南水北调丹江口水库外迁农村移民安置初期的问卷调查,分析移民的生计资本状况及其对生计结果的影响,指出可持续生计重建是水库移民问题的核心与关键。[69]

陈卓以较早参与林权改革的浙江省为例,基于农户实地调查数据,结合浙江省集体林区实际情况,研究提出发挥生计资本作用、改善生计资本结构、提高农户的人力资本和社会资本水平,以及促进农户生计方式转变的建议。[70]李承营以甘肃省陇南为例,详细分析了农户生计策略变迁的原因,将不同类型农户进行了区分,针对不同类型农户提出相应政策建议[71]。赵仰华指出快速城镇化已成为当前经济发展的主旋律,旧城的改造和新城的扩张直接影响着农民传统的生产、生活方式。其研究以天津市蓟州区农民为对象,将失地农民和可持续生计概念相结合,以可持续生计分析框架为理论支撑,强调"失地农民"是发展的主体,要依靠自身生计资本存量不断寻求生计策略,在外部制度的保障下,可行能力得到最大发挥,达到生计目标,实现生计的可持续发展[72]。

毛谦谦选取陕南地区生态移民政策为对象,尝试性地对生态移民的经济学内涵进行了拓展,从经济学意义上对生态移民的内涵做了深化讨论,进行了陕南生态移民的实施现状及农户生计资本的描述性统计分析,介绍了陕南生态移民的实施现状与成效,利用可持续分析框架对农户的生计资本进行了描述性统计分析,并提出研究假设，针对生态移民导致的农户生计资本变动情况，以及由生计资本水平反映出来的政策贫困瞄准问题进行了实证研究[73]。李昌荣研究指出，随着农村经济社会的变革与发展，农户的生计活动和生计策略越来越呈现多元化，农村家庭的正规信贷需求十分旺盛[74]。赵锋等对甘肃省 451 个城郊和山区农户生计状况的调查研究指出，应加快统筹城乡发展战略步伐，加大联村联户工作力度，鼓励山区农户自主创业和兼业经营，实现山区农户生计的可持续发展，缩小城郊和山区农户的生计发展差距。[75]

张文侠以甘肃南部贫困地区为例，以多维贫困视角分析了生计资本与生计活动之间的关系，比较了不同类型农户生计资本与生计活动的差异[76]。高聪颖等以可持续生计理论和公平理论作为理论基础，结合实证研究，通过对不同类型安置模式的探索来选择适合扶贫搬迁户的可持续发展模式，并针对性地提出安置农民"稳得住"的思路和原则、搬迁过程及后续发展的增收致富问题，以及"就业与增收"为导向规划搬迁安置、增加安置区农户的财产性权利等实现可持续发展的对策建议[77]。高功敬提出反贫困应聚焦于贫困个体或家庭的可持续生计，社会政策的目标和机制应由维持性生计理念向可持续性生计理念转变，澄清了建构中国城市贫困家庭可持续生计系统的关键要素。[78]高功敬等实证研究了中国城市贫困家庭生计资本现状，指出当前中国城市贫困家庭生计资本总体匮乏；内部结构严重失衡；维持性特征突出，发展性特征较弱；脆弱性强、可持续性差[79]。

2.2.2 可持续生计资本对生计策略选择影响的研究

1. 对国内非少数民族地区的研究

徐鹏等研究指出，农户生计的可持续性在很大程度上取决于各种生计资本的整合运用[80]。黎洁等以陕西省周至县退耕山区为例分析中国西部贫困退耕山区农户的生计状况，提出通过鼓励农户兼业经营来综合解决当地的农村贫困与环境保护问题[81]。徐定德等以四川省山丘区为例，实证分析了农户生计策略类型及其特征，不同生计策略类型下农户生计资本结构特征及其差异，并指出农户各生计资本之间存在动态关系，政府可从农户资产结构中的脆弱环节入手制定相关政策，通过资产间的动态转化扩大扶贫的效果[82]。

刘婧、郭圣乾选取了五省十县(市)的农户进行调查，获取了农户的可持续生计资本和收入等多个方面的数据，并选取了衡量可持续生计资本的 18 个指标，运用信息熵法和回归分析得出金融资本对收入的影响最大，人力资本其次，社会资本和物质资本对收入的影响也较为明显，但自然资本对收入的影响为负[83]。唐轲基于陕西省西安市周至县退耕山区农户角度出发，提出将退耕还林工程和生态移民相结合、促进当地农民人力资本水平提升等相关政策建议[56]。陆五一、刘曜以可持续生计框架探讨分析了南京市失地农民生计资本对生计策略选择的影响[84]。史月兰等认为可持续生计方法是社会组织解决贫困问题的一种方法，并以香港 PCD 投资扶持广西凤山县可持续生计发展项目为例，运用极差标准化、多元 Logistic 回归分析等方法，揭示了农户生计资本与生计策略之间的关系[85]。

刘恩来等以 2012 年在四川省抽样调查的 402 户农户数据为基础，对农户生计资本进行了客观定量评价，提出同时保有传统农业资源和增强非农生计渠道是农户增强生计资产水平的可取方式[86]。代富强从可持续生计的概念界定与分析框架出发，根据"压力—状态—响应"模型构建了农户生计可持续性评价的基本框架，从脆弱性背景压力、生计资产状态、结构与过程和生计策略响应、生计结果效应 4 个方面建立了一个多层次的评价指标体系，并提出了单项指标和综合评价模型[87]。徐定德等指出，农户可持续生计问题是解决山区聚落贫困与生态环境脆弱的关键问题之一[88]。赵文娟等评估了元江干热河谷地区和半山区农户的生计资本现状，指出自然资本是农户选择农业生计策略的基础，而金融资本和人力资本是该区农户由纯农户向非农转变的关键点和突破口[89]。黄启学提出，借鉴可持续生计理论可选择一条系统、协同、发展地解决滇桂黔石漠化片区贫困农民可持续生计的优化策略与路径[90]。

韦惠兰、祁应军从农户可持续生计框架出发，以河西走廊六县为调研对象，建立了农户生计指标体系并对其进行评估，从而揭示了当地农户生计资本与生计策略之间的影响关系[91]。丁士军等指出，科学地评价农户受到征地外部冲击时生计能力的变化是帮助失地农户改善生计的前提，提出了一套基于生计资本测量农户生计能力的方法，并利用该方法评价失地前后农户生计资本变化[92]。陈绍军等研究指出，生计恢复策略直接影响着失地农户生计的恢复程度[93]。徐玮利用可持续生计分析框架，以湖北 4 个县市为例，分析了不同子女数量农户的家庭生计策略，提出提高农户家庭成员的生计资本，尤其是子女的人力资本；政府应将帮助农户降低家庭脆弱性放在首要位置的对策建议[94]。董国黄借助可持续生计分析框架建立可持续生计评价指标体系，研究指出文明生态村建设对农户居住环境有所改善，但由于对社会结构、经济发展、文化传统等因素考虑较少，导致了农户生计资本整体脆弱、产业结构单一等[95]。邢佳通过对湖北省阳新县 375 个农户的实地调查，归纳出农户在自然、人力、物质、金融和社会五种生计资本的拥有情况，研究不同生计资本组合对农户选择纯农型、兼业型和纯非农型生计策略选择的内在影响，提出了加大农户人力资本建设、探求农业生产新模式，发挥协同效应的对策建议[96]。崔诗雨等在 DFID 的可持续生计分析框架的指导下，利用三峡库区实地调研数据，建立生计资本评价指标体系，指出可持续生计是解决三峡库区贫困与生态环境脆弱的关键问题之一，分析移民与原住民生计的现状和差异可为区域制定相应改善生计的措施提供参考。[97]王鹭、张文侠利用可持续生计分析框架,分析了甘肃天水黄土丘陵沟壑区农户的生计资本与生计策略及二者的关系[98]。伍艳研究指出不同的生计资本状况决定了农户的生计策略选择[99],实现不同生计策略的能力依赖于农户所拥有的生计资本;并提出生计多样化是贫困地区农民采取的一种可持续生计策略,有利于降低生计脆弱性,保障生存安全[100]。李立娜、李川在其研究中对我国农户脆弱性进行总体上的概括,再从生计风险、生计多样性、生计可持续性3个方面与农户生计脆弱性的关联进行阐述,最后从农业转型升级与农村扶贫两个方面提出应对农户生计脆弱性的策略[101]。

此外,国内学者对境外农户生计资本与生计策略的关系也有研究。如,苏艺等以尼泊尔中部山区麦拉姆齐流域为例,采用参与式农村评估(participatory rural appraisal,PRA)法进行实地调研,定量分析了该流域农户的生计资本状况、生计资本对生计策略的影响及不同生计策略对生计资本因子的敏感性特征,指出生计资本与生计策略关系的研究是理解和发展农户可持续生计最重要的途径[102]。

2. 对国内民族地区的研究

杨培涛梳理了可持续生计在相关领域的研究进展,对甘南州农牧民的生计资本进行评估,在定性分析的基础上,根据已有的相关研究和甘南州的实际情况构建了类生计资本的评估指标体系,利用问卷调查所得的数据和信息对各类资本进行定量评估并得到资本指数值,然后对农牧民的资本构成特征进行分析[103]。赵雪雁等指出甘南高原是典型的生态环境脆弱区,农牧民采取的不合理生计活动已成为该区生态环境退化的主要因素[104]。蒙吉军等对鄂尔多斯市乌审旗农牧户生计资产进行定量评估,揭示了生计资产与生计策略之间的关系,探讨退耕禁牧政策对生计的影响。[105]张海盈等借助可持续生计框架,探索参与旅游业作为新疆牧民主要生计策略与生计资本之间的关系,指出在其他条件不变的情况下,人力资本中牧民参与旅游业水平每增加一个单位,牧民选择以参与旅游业为主的生计策略与选择非参与旅游业为主的生计策略的发生比扩大16.619倍,当其他变量不发生变化时,物质资本中牲畜情况每增加一个单位,其发生比缩小近五十分之一[106]。

道日娜基于可持续性生计分析框架,实证研究了农户生计资本与生计策略的依存关系,提出了加大农田水利基础设施建设投入、提升家庭经济中种养结合发展模式等对策建议[107]。陈艾对四川省甘孜藏族自治州贫困农牧民的研究发现,生计资源、可行能力与其生计结果之间的关系是正相关,同时资源禀赋和政府的公共产品供给与可行能力同减贫效应之间也是正相关[108]。王彦星等基于参与式问卷调查和数理统计等方法,对位于青藏高原东缘的四川省红原县及甘肃省天祝县纯牧区 158 户藏族牧民家庭进行了调查,分析了不同区域的牧民生计资本和生计活动的特点及差异,揭示了两者之间的关系,并探讨了生计资本对生计活动的影响规律[109]。陈林对宁夏的研究认为农户生计与自然保护区的建设形成了短期内"互不相容"、长期"相互依赖"的局面,并以哈巴湖自然保护区周边农户为研究对象,重新构建可持续生计分析框架[110]。

李丹等以可持续生计分析方法为基础,提出脆弱性背景下,移民可持续生计资本、民族文化传承及制度政策环境影响移民生计策略,移民的脆弱性感知对其生计策略有调节作用[111]。阿依古丽艾力通过定性和 Logistic 定量回归分析,揭示了生计资本与生计策略之间的关系,分析制约民族地区居民实现生计可持续的原因,并提出了通过生计资本的改善提高,以参与旅游为生计策略的一些建议[112]。赵文娟等以云南新平县干热河谷傣族聚居地区为例,剖析生计资本与生计策略之间的关系,指出生计资本是农户生计策略选择的基础,探讨农户生计资本对生计策略选择的影响对于提高农户生计水平具有重要意义[113]。史俊宏利用内蒙古包头市 7 个牧区生态移民安置区的移民调查数据,实证分析了生态移民非农生计策略选择及其困境[114]。李静、覃扬庆运用可持续生计理论及其分析框架对湘西自治州 L 县 24 个贫困村的生计现状和脆弱性进行了实证分析,指出生计资本匮乏和脆弱性叠加是少数民族贫困地区农户脱贫的主要障碍。西部少数民族地区贫困治理应以可持续生计建设为核心,科学评估农户的生计资本,建立贫困家庭的预警机制;增加生计资本存量,提高其发展能力;设计以资产为基础的生计政策和专项救助制度的动态叠加,提高贫困农户抵御风险的能力[115]。

3. 对西藏的研究

郝文渊等以问卷调查和参与式农村评估法,研究指出西藏林芝市农牧民生计资产中自然资本存量较高,由于人力资本、社会资本、金融资本和物质资本存量较低,无法形成最优的生计策略。当金融资本和人力资本较多时,以非农业生计活动为主;当自然资本和物质资本较多时,一般不愿放弃其原有的农业生计活动。政府应加大信息、资金和技术等方面的投入,增加其生计资本存量以抵御市场风险能力和增加生计多样性,提高农牧民生计水平[116]。久毛措、翟元娟将国内学者对藏区农牧民生计资本研究的文献加以统计和梳理,发现国内对藏区农牧民生计资本的研究文献数量自 2005 年起呈现持续增长,研究内容以农牧民生计资本整体的综合分析较多,缺乏对金融资本、物质资本、自然资本的独立研究;而且现有研究多属于单一的非关联性研究,缺乏各资本之间的关系和相互影响的研究等[117]。翟元娟以西藏林芝市工布江达县为例,探讨农牧民在生计策略优化中存在的人力资本方面的制约因素,并提出了基于个人层面和政府层面的对策建议[118]。师学萍等在英国国际发展部(DFID)建立的可持续生计分析框架(SLA)的基础上，分析比较了尼洋河流域农户生计资本状况，指出在生态安全屏障建设框架下物质资本优势为尼洋河流域农户(尤其是林芝市巴宜区农户)由传统生计向现代生计转型提供了物质条件[119]。

2.2.3 人力资本及其对生计策略影响的研究

国内对人力资本的研究比较早，成果也很多。周景波指出西藏教育、健康营养和生育率3个人力资本因素都偏低且长期互相制约，易使西藏发展陷入"贫困陷阱"之中[120]。任凯在分析西藏人力资本现状及原因的基础上，提出通过建立贫困人口的主体意识、促进人口流动、增加教育投资、开展反贫困职业教育、建立移民化城镇，进一步提高贫困地区医疗卫生建设水平等，从而试图找到一条破解西藏贫困的可行路径[121]。谢周亮实证研究了人力资本和社会资本影响收入差异的程度和规律，对人力资本和社会资本影响收入差异的程度进行了分解，并提出加强全民体检和疾病防治工作，提高人民的健康人力资本，减少因健康问题而带来的收入损失；提高弱势群体的个人社会资本水平的政策建议[122]。张艳红、李晓燕指出人力资本是影响西藏农村地区扶贫开发成效的关键因素[123]。吴健辉、黄志坚通过对国内学者2007年以来农村人力资本问题研究文献的梳理，归纳了当前我国农村人力资本研究的结论及相关建议[124]。姚良波分析西部农村人力资本现状，从受教育状况、医疗卫生状况和人力资本流动状况3个方面探讨了西部农村人力资本制约因素，提出加大投入、健全西部农村教育制度；完善西部农村医疗卫生制度；健全中西部地区人才集聚机制，加快农村人力资本市场制度建设；加大社会保障力度的对策[125]。李海峥等研究指出中国人力资本总量和人均量都保持了较快增长速度，但相对于国内生产总值及物质资本来说，比重呈下降趋势，且人均人力资本与发达国家相比仍差距较大[126]。

张国强等的研究提出着力转变以劳动密集型为主导、投资驱动的增长模式，重视人力资本积累，加大人力资本投资和重视人力资本结构调整，增强人力资本对产业结构升级的影响力度并促进人力资本区域间分布结构合理化[127]。张俊霞、韩阳分析了我国农村人力资本投资现状，总结了我国农村人力资本投资存在的问题，提出了强化对农村人力资本投资的认识、发挥政府在人力资本投资中的主体作用、增加农村基础教育投入、加大对农民的培训力度和增加对农村医疗卫生保健事业的投资等我国农村人力资本投资的优化对策[128]。贾伟强、李文娟在其研究中通过对2000—2009年国内学者有关中国农村人力资本问题的研究进行梳理，对农村人力资本积累与运行机制的构建进行了详细阐释，提出城乡统筹完善农村人力资本及其效应提升制度和配套改革的对策建议[129]。朱治菊指出人力资本缺乏是导致有劳动能力的贫困群体的根本原因，因此，应以提高农村贫困地区居民的自我发展能力为导向的开发式扶贫策略来提高贫困地区的人力资本存量，促进农村贫困人口的自立自强，增加收入[130]。

周全研究发现无论是农民个人还是政府都对健康人力资本投资不足，城乡居民之间健康人力资本差距较大；提出健康人力资本的收入效应为提高我国农民收入提供了重要的启示，即通过对农村人力资本进行投资来促进农民增收[131]。王文静等在其研究中将人力资本的内涵扩展至教育和健康两个方面，用教育收益率修正了教育人力资本指标，而健康则主要从投入角度加以测度[132]。杨发坤以重庆新农村建设中的农村人力资本问题为研究对象，用德尔菲法对重庆新农村建设最需要的人才进行了判断分析，并根据新农村建设对人力资本的需求状况提出农村人力资本开发与投资的政策建议[133]。巴桑、王世民认为困扰西藏经济发展的一个突出问题是农牧区人力资本与经济的双向贫困，应大力发展西藏农村基础教育、职业教育，提高西藏农牧民的健康人力资本水平[134]。

于大川、潘光辉基于中国健康与营养调查（China Health and Natrition Survey，CHNS）的面板数据，研究指出几乎所有的健康测量指标都影响到农户的种植业收入，但不同健康指标的影响存在差异性，其中自评健康（self-rated health，SRH）的影响最为显著，此外，年龄和教育等非健康指标对农户收入并没有显著影响[135]。吴楠根据甘肃省 1997—2011 年的相关数据分析，探讨人力资本和物质资本对甘肃经济的贡献及存在的问题[136]。李德煌、夏恩君以教育、劳动力再培训、身心健康和劳动力合理流动 4 个维度建立新型人力资本综合测量体系，并结合最新人口统计数据进行实证分析，发现人力资本和技术进步正逐渐成为我国经济增长的主要影响因素。[137]钱雪亚等从人力资本价值估算的成本法和收入法寻找到新的数据来源支撑人力资本社会收益估算，并将内部收益率法和净现值结合，修正了内部收益率法，提出了"差分回报"计算人力资本社会收益的方法，研究指出 1995—2009 年的 15 年来全国及各省人力资本投资收益额只有小幅增长，而收益率则呈下降趋势，全国及各省人力资本投资收益额与 GDP 之比的下降幅度更为显著[138]。杜明义认为人力资本对减少贫困具有重要的作用，人力资本投资可增加人力资本水平，促进反贫困进程。我国少数民族地区人力资本投资偏低，导致人力资本水平偏低，影响了人们的增收能力，必须要大力进行人力资本投资。[139]尹飞霄、罗良清从内部因素和外部条件两方面构建了我国农村贫困成因的分析框架。一方面，从我国农村贫困人口的特点、贫困人口的分布及其构成分析了我国农村贫困现状，指出农村居民人力资本水平低是其贫困的主要原因，人力资本投资引起的人力资本积累可以促进农民收入的增长。[140]杨阿维从西藏农牧区人力资本发展的特征和趋势出发，比较分析了西藏农牧区人力资本投资与西藏城镇人力资本投资的成本—收益状况，认为应选择城镇人力资本投资水平才能提高西藏农牧区人力资本收益、缩短收益回收周期，并探索促使西藏农牧区人力资本投资发展模式，以推动西藏经济发展[141]。

翟珊以理论构建—建模测评—机制分析—政策选择为思路，基于人力资本理论，以内蒙古农村人力资本为视角，对内蒙古地区农村人力资本的现状和农民收入的现状进行评估[142]。赵亚男采用2013年农民工社会融合状况调查数据，分析不同个体特征和工作特征的农民工生计脆弱性、人力资本、社会资本、生活满意度及社会融合的现状，指出不同特征下农民工各方面状况存在显著差异，并在实证结果的基础上，从构建公共医疗体系、职业教育及技能培训体系，通过舆论引导、构建农民工城市交往平台、加强权益保障、提高城市生活满意度等方面提出改善农民工生计脆弱性，提升人力资本和社会资本，最终促进社会融合的公共政策建议[143]。聂伟、王小璐的研究发现个体的人力资本越丰富，越倾向于定居城镇；家庭非农人力资本越丰富，城镇定居意愿可能性更高，提出需因地制宜推进新型城镇化建设[144]。邵琳指出人力资本的形成是建立在一个国家或地区的社会经济环境和社会文化环境的"双重"作用的基础上的，通过教育、"干中学"、技术进步和就业迁移等几种要素共同作用的结果，才能够使得一个国家或地区的人力资本得以形成和持续发展[145]。于庆瑞研究指出，教育人力资本对东中部地区经济增长均存在正效应，东部地区教育人力资本的产出弹性最大，中部次之，西部最小。健康人力资本对东部地区和西部地区的产出具有正效应，对中部地区具有负效应[146]。才国伟、刘剑雄认为应进一步扩大公共教育投资，提升公共教育投资效率，以提高我国的人力资本水平[147]。

刘书特分析了影响西藏人力资本的因素，建立了西藏人力资本存量影响因素模型，指出在教育方面影响人力资本积累的主要因素是国家财政性教育支出，而居民个人的文教消费支出对于人力资本的积累并没有明显的作用[148]。图登克珠等基于国内外研究贫困问题的标准及相关理论分析，提出了有效解决西藏农牧区连片贫困问题需从对人力资本的投资、利用角度着手的建议[149]。蒋守建论述了以人力资本为导向进行反贫困的必要性，提出了增强贫困人口主动参与反贫困的意识，发展农村基础教育，完善教育体制，促进人口合理流动等政策建议[150]。刘天平等指出农村人口综合素质整体不高，日益成为西藏农村反贫困和可持续发展的重要制约因素之一，加大人力资本投资日益迫切[151]。罗明研究提出西藏应采取提高教育投资效率、重视发挥人力资本作用等措施，以促进西藏经济增长的质量[152]。牛建森研究得出增加物质资本投资对经济增长的贡献大于对人力资本投资，因此加快西藏的经济增长应同时注重物质资本和人力资本的投资。[153]

陈旭晨、封海坚指出在知识经济时代，经济发展更多依靠科技进步和创新，但是科技进步和创新不能没有高水平的人力资本投资。从西藏自治区的经济发展现状来看，人力资本的投资相对还是比较严峻的[154]。刘蕾、刘悦在其研究中以山东省新型城镇化试点城市为例,探讨在新型城镇化建设过程中农村教育投资、培训投资、医疗卫生投资、劳动力流动等人力资本投资方式的现状和问题,并对在新型城镇化建设过程中的农村人力资本投资提出建议,主要是从农村自身的角度和需要出发来推动人力资本存量的增加和质量的提高,使人力资本在新型城镇化建设的过程中起到推动作用[155]。王艳指出人力资本是促进农牧民收入持续较快增长的关键动力,且主要表现在教育支出、在职培训支出、医疗卫生支出和外出流动支出等方面[156]。王艳、任善英研究指出青海藏区人力资本投资存在不足且不同区域效率差异明显,提出了应不断加大人力资本投资力度,提高整体效率水平,并缩小地区效率差异的建议[157]。

国内关于人力资本对生计策略影响的研究较早。李炜描述了全国失地农民的生计境况并对相关研究的现状进行综述,在社会流动理论、人力资本投资—收益理论的基础上对农村实地调查结果进行分析,验证研究假设,并且结合理论,对失地农民代际教育性人力资本投资选择,以及其对失地农民家庭生计可持续的影响进行理论分析,具体探讨人力资本对失地农民从农业向非农产业转移、增加农民收入的作用,以及人力资本对失地农民代际间垂直流动和实现可持续生计的作用,最后通过对失地农民子女进行教育性人力资本投资可以增强其自身的人力资本存量,有助于其向非农产业转移、实现社会垂直流动,最终实现失地农民整个家庭的可持续生计[158]。张蕾指出"可持续生计"途径是帮助理解农户在脆弱性背景中,在外界制度因素的影响下通过配置其生计资本实现不同生计策略的一个集成分析框架,并以成都市温江区新坝村1、2组和青泰村为例,在人力资本视角下,探讨生计模式的转化问题,即在失地的情况下,失地农民是如何通过人力资本与其他资本的配置实现生计策略的[159]。杜翼等指出随着我国耕地的日益减少和失地农民的日益增多,农户的生计问题目前受到了很大的影响,借鉴国外对农户生计资本的分析方法,结合调查区实际情况调整了具体指标,对成都平原两个村的研究得出人力资本与农户的生计多样性的相关性最高这一结论,并提出加大基础教育、农民在职培训和农村医疗健康的投入的目标[160]。陈浩、毕永魁基于家庭整体视角分析了农户人力资本的理论特性,提出了农户人力资本对家庭兼业行为及其离农决策存在双重影响效应的研究假设,并在此基础上运用长三角地区1036户农户调研数据进行了实证研究[161]。翟元娟以林芝市工布江达县为例,通过对该地区农牧民人力资本状况与生计策略选择的调查分析,探讨农牧民在生计策略优化中存在的人力资本方面的制约因素,指出人力资本是推动一个国家和地区社会发展和经济增长的主要动力之一,对于西藏地区更是如此[118]。

2.2.4 自然资本及其对生计策略影响的研究

陈亮等以北京市为案例，采用能值分析方法对其自然资本存量及自然资本持续度进行评价，研究结果显示出北京市的自然资本的持续度为 0.7586[162]。王秀波等指出自然资本要素是支撑沿海地区经济与社会发展的重要基石，研究在综合考虑自然资本要素遥感信息提取可行性的基础上，提出了适合区域大尺度自然资本要素与社会经济发展的综合评价指标体系[163]。吴佳强从我国经济发展战略的高度，将比较优势战略和我国自然资本的分布特点相结合，引证出西部自然资本发展和保护之间的矛盾，指出在宗教盛行地区，如我国西部进行自然资产评估时，需注意以自然资本为载体的文化资本对社会福祉的贡献，从而更加真实地反映出对自然资本这种公共资本的需求[164]。黄建伟、喻洁基于七省一市的实地调查，分析了失地农民关键自然资本的丧失程度、补偿状况及其与收入的关系，提出了给予失地农民关键自然资本的货币补偿，还可以采取其他形式的补偿安置政策，如就业安置、留地安置、社保安置、异地移民安置、入股安置等措施。[165]

万玛当知、杨都基于甘肃省甘南藏族自治州合作市的具体情况，分析农牧民关键自然资本的丧失程度与收入的关系，指出关键自然资本的丧失导致了部分失地农民收入及其收入来源受到影响[166]。龙江从自然资本着手，来分析代际之间自然资本的配置和实现，为中国经济的可持续发展提出县域新农村规划要紧密结合自身资源、环境、经济条件，以县域经济发展为核心，加强基础设施建设，实现县域经济发展与新农村规划工作两者协调统一的建议[167]。汪凌志以生态足迹（ecological footprint，EF）作为自然资本的测度，采用中国平均单位产量法测算并分析了中国 2000—2011 年 30 个省（市、区）的 EF 值及其构成，并利用省际面板数据考察了经济增长与自然资本占用之间的关系，得出在整个研究期内，中国自然资本占用总体表现为资源消耗型向环境污染型转变的特征，自然资本效益趋于恶化等结论[168]。卢辰宇等在深入分析生态系统、自然资本和循环经济的内涵及其相互作用关系的基础上，构建了三者相互作用的 ENC（Ecosystem Natural Capital，Cyclic Economy）大循环系统，提出了保护自然生态系统的服务功能、全面实施循环经济战略和促进 ENC 大循环良性运作、加大生态环境保护力度、全面实施循环经济战略、加大全方位支撑力度、强化全社会共同责任的对策[169]。

段伟等以湖北省四个保护区农户为例评估了不同生计资本下农户对自然资源的依赖度。[170]邓建华对自然资本的概念、资本及自然资本的内涵、分类进行了概述，指出国内外自然资本研究在理论和应用方面存在的问题，提出自然资本研究与应用的发展趋势[171]。薛雅伟等通过将自然资本作为经济系统的投入要素引入经济增长模型中，构建自然资本与经济增长间的关系模型，研究说明自然资本对经济增长存在抑制作用且物质资本介入使自然资本对经济增长的抑制作用更加明显，而人力资本、技术创新和政府干预作用等中介变量可以有效削弱这种抑制作用[172]。

2.2.5 社会资本及其对生计策略影响的研究

马红梅建立了农村社会资本分析理论框架，分个体和团体层面对地处我国贫困地区的贵州省农村劳动力转移的内在机制做出详细分析，找出不同层次社会资本特征变量对劳动力转移的影响，对个体和团体层面上贵州农村劳动力社会资本的占有和使用情况进行详细剖析，并为农村劳动力个体如何提升自身的社会资本，政府采取哪些措施积累团体层面的社会资本提供了政策与建议[173]。李兆捷在研究社会资本对农村劳动力流转、农村公共物品供给和管理、农村合作组织运行、农村金融发展和乡村治理的作用机制等方面对现有研究成果进行了归纳整理，并评述了现阶段我国农村社会资本研究存在整体研究起步较晚、研究方法有待改进、研究内容涉及范围有限等不足之处[174]。吴筱灵从社会资本微观个人、中观社区组织和宏观国家 3 个层面的分析提出构建贫困者社会支持网络、增加贫困群体的社会资本存量、培育普遍信任的策略[175]。

周晔馨的研究得出社会资本是拉大农户收入差距的因素之一。[176]陆迁、王昕从社会网络、社会信任、社会声望和社会参与等方面界定了社会资本的内涵，探讨了社会资本的分类、功能及度量方法，并提出社会资本有待深入研究的几个趋向[177]。罗连发以中国贫困地区的家户为研究对象，得出家户层面和村级层面两种形式的"穷人的资本"没有显著的交互项系数[178]。张静提出家庭的 3 种资本(物质资本、人力资本和社会资本)要素都对家庭收入有积极作用，对城市贫困家庭收入的影响高于对农户家庭收入的影响，人力资本和社会资本则对农户家庭收入的影响更明显。[179]王格玲研究指出社会资本增加农户收入，其弹性介于物质资本和人力资本之间[180]。

胡日东以可持续发展理论、乡村建设理论、低碳社会理论和社会资本理论为指导，构建了包含社会资本要素的低碳乡村建设评价指标体系，并以甘肃省李子坝村低碳乡村建设为案例进行了实证分析，提出社会资本对低碳乡村建设影响显著，不低于经济资本[181]。路慧琳等以甘肃省张掖市、甘南藏族自治州及临夏回族自治州为例，研究提出了从社团和农民自身这两个层面通过增加农民社会资本来增加其收入的措施[182]。沈洋通过分析相关数据及调研信息发现贫困地区的农户尤其是贫困农户的个体社会资本存量很低，但贫困地区集体社会资本存量却相对较为丰富；并提出从"赋权于民""强化投入""加快转型"这 3 个方面培育贫困地区和贫困农户的社会资本，完善贫困地区农业产业化扶贫机制和政策[183]。赵雪雁、赵海莉在其研究中以甘肃省张掖市、甘南藏族自治州、临夏回族自治州为研究区，从网络、普遍信任、制度信任、规范等维度出发建立了社会资本测量表，对比分析了汉、藏、回族聚居地区农户的社会资本特征，指出了民族地区社会资本研究中需进一步关注的问题[184]。王恒彦等研究指出了社会资本中有 8 个维度，即认同感、资源网络、互惠、关系满意度、冲突处理、网络密度、关系延续性和网络邻近性等会直接影响农户收入[185]。周晔馨利用中国家计调查（CHIPS2002）数据，研究了村和家庭两个层面社会资本对农户收入的影响，认为村级和家庭的社会资本对农户总收入有显著的直接回报，与物质资本、人力资本相比具有明显的相对重要性；村庄社会资本和家庭社会资本之间，以及两个层面社会资本与家庭的物质资本、人力资本之间的交互作用也对不同的收入来源有不同的作用[186]。

冯俊超从经济学角度对社会资本进行了解读，并对社会资本的特点、测度和功能等进行了分析，根据可持续生计框架下的生计成果设定生计目标的指标，得出社会资本与扶贫项目效果的相关度，以此指导扶贫政策的制定和实施[187]。郝文渊等通过设计藏东南地区社会资本指标体系，以藏东南昌都、林芝地区为例，结合问卷调查和参与性农户评估（PRA）研究方法的形式，分析了藏东南农牧民的社会资本存量特征，并解释了影响农牧民社会资本的因素，社区分异和宗教信仰影响社会资本指标，城镇社会资本指数高于农村等[188]。贾鼎从社会资本研究视角这一观点切入，梳理归纳社会资本研究的脉络，对社会资本研究视角的中国现实情境进行了思考，指出当代中国社会资本的研究同样存在着固有视角，使得无法分辨出中国现实情境下社会资本的真正面貌[189]。姚菲菲研究指出，面对不完善的劳动力市场，社会资本作为一种非正式的社会制度，对农民工的求职和职业流动发挥着重要作用[190]。路慧玲等选取甘肃省张掖市、甘南藏族自治州及临夏回族自治州为研究区，建立了社会资本影响收入的路径模型，分析得出社会资本不仅对农户增收具有直接的促进作用，还通过促进农户信息获取能力、新技术获取能力、抗风险能力、信贷能力、政治参与能力提升而实现收入增加，但社会资本对农户收入的直接作用远大于间接作用[182]。

刘彬彬等以宁夏西海固农村贫困地区为例，研究验证社会资本是"穷人的资本"适用性，并分析指出社会资本能否发挥作用需要人力资本等要素的配合，且社会资本更有可能是富人的资本。[191]张华山等运用可持续生计理论对水库移民问题进行研究，通过四川省甘孜州 3 个水电站的典型个案分析，发现水库移民传统型社会资本仍占主导地位，但资本存量缩小，支持功能减弱，现代型社会资本功能发挥空间较大；并据此提出发挥社会资本的结构性功能可以通过稳固同质性社会资源、强化基层政府组织职能、引导宗教寺庙的责任等方面进行，同时从战略层面逐步提升移民可持续生计资本诸多要素的正向影响力[192]。

2.2.6 物质资本及其对生计策略影响的研究

国内对物质资本的研究以对农牧民收入的影响和对经济增长的影响等内容为主，较为缺乏物质资本对其生计策略影响的研究。王聪研究指出，我国物质资本、人力资本和 GDP 之间存在长期的协整关系，短期内经济增长主要依靠物质资本的大量投入，从长期来看，人力资本对经济增长的贡献具有持续显著的效应，提出应平衡物质资本与人力资本投资比例，加大对教育的投资，提高人力资本存量的对策[193]。汪柱旺、于瀚尧以我国 28 个省区市 1994—2010 年间的宏观经济数据为样本，研究我国财政支出、社会物质资本形成与我国经济增长三者间的关系，指出总体上财政物质资本性支出的提高不利于我国的经济增长，财政非物质资本性支出对于经济增长的影响则为正，因此，从促进经济持续增长的角度出发，政府应注重财政物质资本性支出的配置与效率问题，并适当增大财政非物质资本性支出的规模和比例[194]。张林依据西部地区 1995—2010 年的宏观统计数据，通过计量分析首先得出物质资本在推动西部地区经济增长方面起主要作用，人力资本的发展相对滞后，与物质资本的发展不匹配，并从物质资本和人力资本方面提出加大西部地区物质资本积累，发挥其对经济增长的促进作用，重点发展基础教育，发挥基础人力资本对经济增长的推动作用来促进西部地区经济增长的政策建议[195]。

靖学青运用永续盘存法对 1952—2010 年我国 31 个省区市物质资本存量进行了估算和比较分析，得出省际物质资本存量差异悬殊，资本存量空间分布极不平衡，主要集中在东部沿海地区，资本存量纵向增长幅度很大且地区差异明显，并提出中、西部地区在重视物质资本存量增长的同时也要重视人力资本、制度建设、软件环境等非物质资本方面的建设与发展。[196]王建军、周晓唯首次将对数平均迪氏指数分解法（Logarithmic Mean Division Index，LMDI）引入公共物质资本投资与经济增长关系的研究，把公共物质资本投资对经济增长的效应分为"资本累积效应"和"效率效应"，构建 GDP 总量分解模型，分析得出资本累积效应对经济增长的贡献为正值，而效率效应则与经济增长负相关，指出目前公共物质资本投资虽然不存在"高投资"的问题，但是存在"低效率"的问题，提出优化公共物质资本投资的资金来源结构和提高投资的产出效率的建议[197]。

秦增强研究提出，全国三大区域社会物质资本服务纵横对比中，东部地区社会物质资本平均服务水平高于中部地区和西部地区，并从内源性和外部性的角度阐释我国社会物质资本运行效率不佳的原因，包括政府职能、国企改革、融资环境、财税政策等，指出优化社会物质资本运行效率，须充分发挥公共行政对社会物质资本运行的"有限行政""服务行政"和"行政监督"功能。[198]孙敬水、于思源用中国 31 个省区市 2852 份农户问卷调查数据，从物质资本、人力资本和政治资本等方面对我国农村居民收入不平等的影响因素及其贡献率进行实证分析，得出农村居民收入与收入不平等因物质资本、人力资本、政治资本、农户基本特征、地理环境与地区差异等方面而存在较大差异，且三大资本对农户人均年收入具有显著的正向影响，人力资本贡献率较大，物质资本次之，政治资本的贡献率最小。[199]孟望生等选取中国2001—2011年省级面板数据，用常规和分段回归方法对相关假说与推论进行检验得出人力资本、物质资本及制度变迁在推动中国经济增长的同时，其总量对增长的贡献存在递减效应，结构对增长存在反向递增效应[200]。刘林等研究提出物质资本、人力资本和社会资本对增加少数民族农户收入具有正向作用，由于社会网络异质性带来的社会资本能够改善少数民族收入差距问题。[201]罗志红、朱青实证分析中国不同区域物质资本、人力资本对经济增长的影响，得出各区域物质资本与人力资本均显著正向影响区域经济增长，但有区域差异，东部地区物质资本的经济增长效应优于中部与西部。[202]

2.2.7 金融资本及其对生计策略影响的研究

国内对金融资本及其对生计策略影响的研究与人力资本、自然资本、物质资本和社会资本相比来说，总体上比较缺乏。

温涛以重庆为例分析了当前农村金融服务面临的主要障碍，针对性地提出了农村金融服务创新的目标定位与基本原则，提出进一步深化农村金融体制改革、提高农村金融服务质量、加快形成城乡经济社会发展一体化新格局的对策建议[203]。吴代红的研究指出政府应该积极引导金融资本向农村集聚，为农民收入增长给予支持，并实行差别化的区域调控政策和策略。[204]孙淑玲从农村金融对农民收入的影响角度出发，分析吉林省农村金融对农民增收的影响，并提出增强金融机构支农服务意识、提高农村金融效率、建立科学合理的农村金融服务体系等加快农村金融发展、增加农民收入的对策[205]。

2.2.8 国内对藏区农牧民可持续生计资本的研究

基于本研究的重点是农牧民的可持续生计资本问题，因而为了更好地了解国内对藏区农牧民可持续生计资本研究的基本情况和发展趋势，以便更好地明确和拓展本研究对该领域的研究方向和研究内容，本研究通过对中国知识资源总库（China National Knowledge Infrastructure，CNKI）来源文献的统计分析，对国内学者关于藏区农牧民生计资本的研究数量、研究类型、研究学科领域、研究者所属机构及资金支持等方面的现状进行单独统计，并对相关文献进行梳理，分析目前国内学者对藏区农牧民生计资本研究的基本情况和发展态势。[117]

1. 研究的发展情况

从 CNKI 检索出的有效文献的发表时间来看，基本没有搜索到 2005 年之前的相关文献，这与 21 世纪初可持续生计方法和研究介绍到国内的时间点相吻合。以上说明有关我国藏区农牧民生计资本的研究也始于 21 世纪初，而且是在 2005 年开始有了相关文献的发表。结合搜索结果，根据文献发表时间在 2005—2015 年的年度数量分布统计可以看出，从 2005—2010 年的研究文献数量为小幅度的波浪形增长，而从 2010 年起研究文献呈现出大幅度的增长，随着国家对藏区发展的政策扶持力度加大，藏区农牧民生计资本特别是人力资本和社会资本的研究，引起了国内学者的重视，发表文献数量显著增加，如图2.1所示。[117]

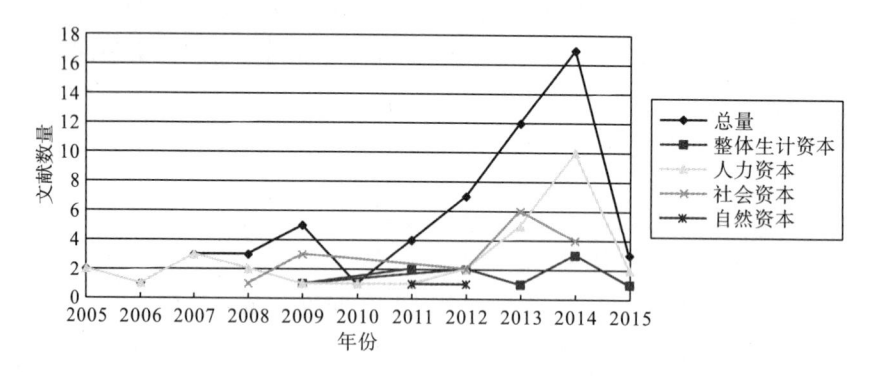

图 2.1 2005—2015 年关于藏区农牧民生计资本研究文献年度分布情况

在有关藏区农牧民生计资本研究的 58 篇文献中，有 28 篇是关于西藏农牧民生计资本的研究，其余 30 篇是关于甘肃、青海等其他藏区农牧民生计资本的研究，西藏作为我国最大的藏区，对该地区农牧民生计资本方面的研究文献约占总量的 50%。

2. 研究的学科分类情况

文献共涉及农业经济、经济体制改革、宏观经济管理与可持续发展、社会学及统计学等 14 个学科领域，如图 2.2 所示。其中前四个学科是藏区农牧民生计资本研究的主要学科，涉及的其他学科有人才学与劳动科学、行政学及国家行政管理等。[117]

3. 研究涉及的研究层面与研究发文单位情况

现有发表文献主要涉及基础研究(社科)、政策研究(社科)、行业指导(社科)、基础应用与基础研究(自科)和大众文化 5 个层面，如图 2.3 所示。[117]

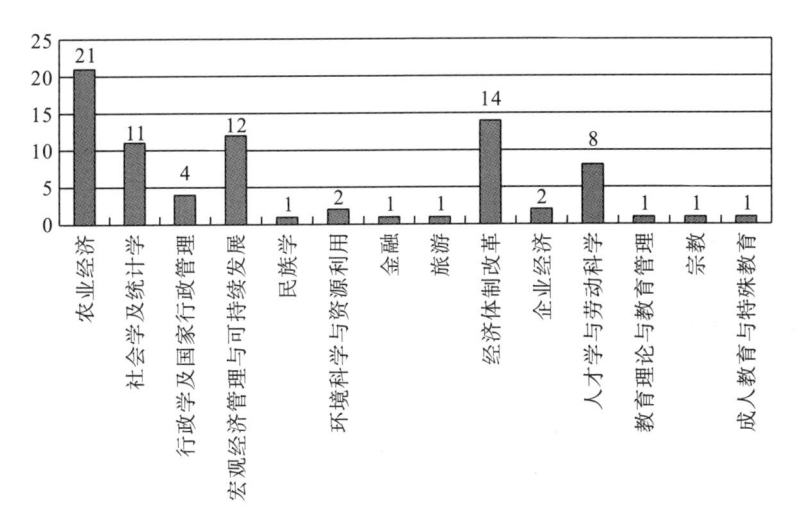

图 2.2 关于藏区农牧民生计资本研究文献的学科领域分布

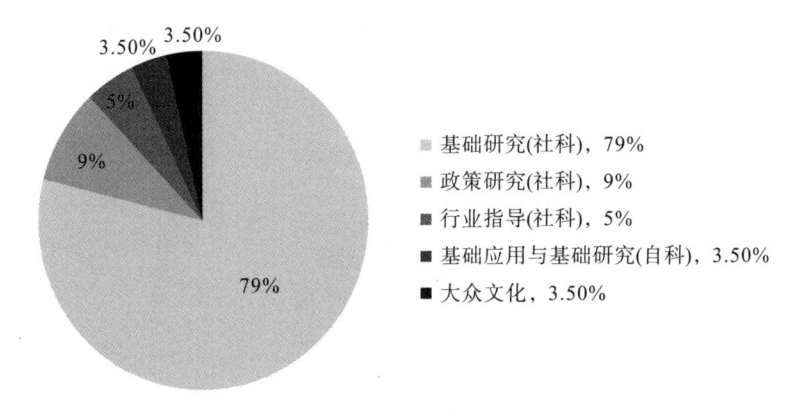

图 2.3 关于藏区农牧民生计资本研究文献的研究层面

- 基础研究(社科)，79%
- 政策研究(社科)，9%
- 行业指导(社科)，5%
- 基础应用与基础研究(自科)，3.50%
- 大众文化，3.50%

从文献涉及的研究层面统计分析可知，国内藏区农牧民生计资本研究主要集中在社会科学领域，并且侧重于基础研究，这也反映出藏区农牧民生计资本研究具有较高的社会理论价值和实际指导作用。检索结果还显示，有关藏区农牧民生计资本研究发表文献的单位和机构主要为高等学校和科研院所(图 2.4)。[117]

4. 研究内容的分类情况

可持续生计框架的生计资本包括五类，即自然资本、物质资本、金融资本、人力资本和社会资本。从检索出的文献来看(图 2.5)，基于藏区农牧民生计资本整体研究的文献占检索统计文献总量的17%。针对藏区5种资本的研究中，对人力资本的研究最多,占总量的 52%;其次是有关社会资本方面的研究,占总量的 28%;关于自然资本的研究很少,且学者们并未把藏区物质资本和金融资本单独进行深入研究,只是在研究整体生计资本的文献内容中有部分体现。[117]

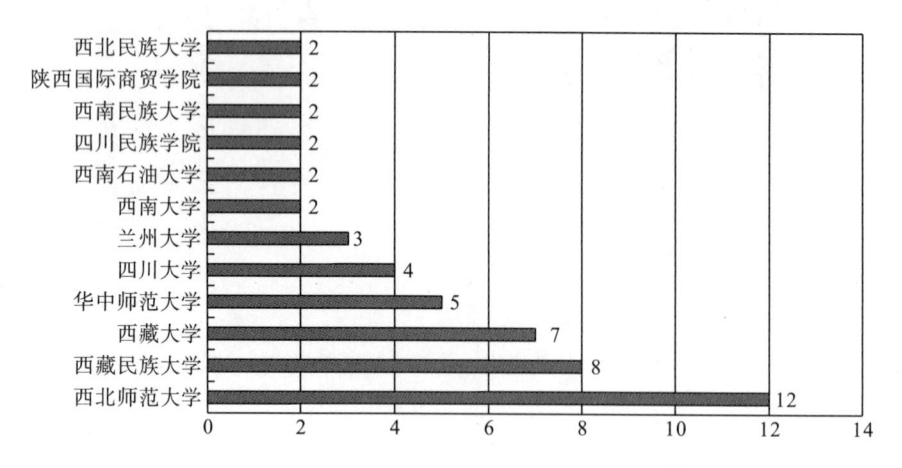

图 2.4　研究发文两篇及以上的单位和机构

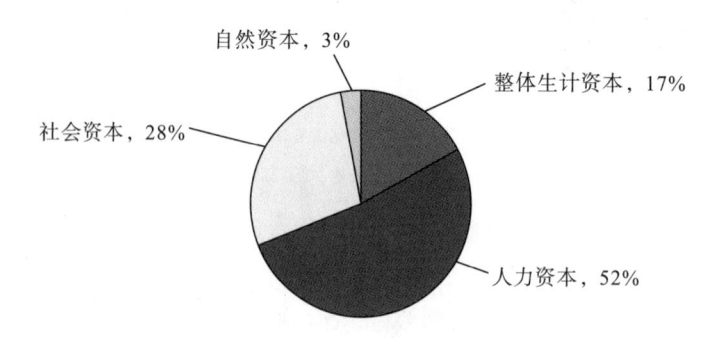

图 2.5　关于藏区农牧民生计资本研究文献的资本要素类型组成

2.3　脆弱性研究

2.3.1　生计脆弱性研究

喻鸥以青藏高原 11 个典型乡镇为研究对象,以可持续生计框架为指导,以"生计资产—风险—适应—脆弱性"为界面,认知研究区不同地貌区农户生计资产、风险及采取的适应策略的差异,采用"脆弱性=受灾度-(现有资产总值+适应策略)",评估不同地貌区的脆弱性。[206]赵威对藏区农户生计脆弱性进行剖析,揭示农户生计脆弱性的诱因,以期提出降低农户生计脆弱性并保持农户生计可持续发展的策略建议。[207]郭圣乾、张纪伟等利用因子分析,对农户生计资本的脆弱性做出评价,提出从发展农村小额信贷、开展住房贷款,以及制定职业培训规划、以就业促进人力资本提升两个方面规避农户生计资本脆弱性的建议。[208]赵锋、吕伟伟等以可持续生计方法分析为基础,在对甘肃省4县(区)468个农户调研的基础上,分析了山区农户生计资本脆弱性的特征及农户生计资本脆弱性的感知度,指出脆弱的生计资本严重影响了农户生计的可持续发展。[209]

赵立娟以内蒙古地区为例,基于可持续生计分析框架,对灌溉管理改革地区和非改革地区农户的生计脆弱性进行了评估,提出为提升农户福利水平,降低其生计脆弱性,需要加强农户可持续生计能力建设的建议。[210]于立斌以民勤绿洲边缘区农户为研究对象,对于其生计状况的调查分析呈现出当地农户生计在环境变化和政策限制下的变化发展和适应性恢复。一方面,发现当地农户受到了环境和政策变化的强烈干扰,并且被削弱了反应和处理这些干扰的能力,整个生计呈现出脆弱性的状况;另一方面,发现农户在政策的支持下,生计策略上的改变适应了其生计资本的结构性改变,农户生计的自适应表现出了当地农户的生计恢复,而且从当地农户的实践来看,生计的高脆弱性并不必然导致低恢复力,两者之间的关系要结合地方的具体实践进行分析。[211]

池文芳基于浙江省4个山区样本县(市)民生监测调研数据,比较分析不同类型、地区和家庭结构的农户生计脆弱性,实证分析农户生计脆弱性的影响因素,并提出相应的政策建议。[212]韩文文等基于2014年贫困户实地调查数据,运用集对分析和障碍度模型对宁夏海原县农户生计脆弱性及其胁迫因子进行实证分析,提出生计结构不合理与生计方式单一导致了生计脆弱性的长期积累;地理环境的不易改变使扶贫资源的地区可进入性降低[213]。张钦等以甘南高原为例构建了气候变化对农户生计脆弱性影响评价指标体系,提出了减轻农户生计脆弱性的建议。[214]李立娜、李川对我国农户脆弱性进行总体上的概括,再从生计风险、生计多样性、生计可持续性3个方面与农户生计脆弱性的关联进行阐述,最后从农业转型升级与农村扶贫两个方面提出应对农户生计脆弱性的策略,以期为农户生计脆弱性相关研究提供参考和借鉴。[215]李静、覃扬庆运用可持续生计理论及其分析框架对湘西自治州L县24个贫困村的生计现状和脆弱性进行了实证分析。研究结果表明生计资本匮乏和脆弱性叠加是少数民族贫困地区农户脱贫的主要障碍。西部少数民族地区贫困治理应以可持续生计建设为核心,科学评估农户的生计资本,建立贫困家庭的预警机制;培育和积累生计资本存量,提高贫困农户的发展能力;设计以资产为基础的生计政策和专项救助制度的动态叠加,提高贫困农户抵御风险的能力。[115]

2.3.2 城市脆弱性研究

单菁菁对快速城市化进程中的城市脆弱性从物质空间的脆弱性、经济结构的脆弱性、社会系统的脆弱性、生态环境的脆弱性进行了分析，探讨快速城市化背景下提高我国城市安全的可行途径包括：加强规划引导，提高物质空间防灾能力；强化经济基础，提升经济发展保障能力；完善安全管理，提高社会系统应对能力等，以实现"去脆弱化"的目的。[216]王岩等基于国内外城市脆弱性研究文献资料的回顾，梳理了城市脆弱性概念、研究分类、分析框架、动力机制和评价方法，提出应在现有城市脆弱性研究的基础上，建立综合、可行的评价指标体系，构建综合评价模型，并注重典型区域的城市脆弱性评价。[217]张晓瑞等对基于"概念内涵—分析框架—定量测度"的城市脆弱性研究脉络进行了梳理总结，构建了基于"概念内涵—分析框架—定量测度—动态演化—综合调控"的城市脆弱性研究新脉络，提出未来城市脆弱性研究应抓住的3个重点问题：夯实理论基础，完善技术方法，加强实践应用，由此使城市脆弱性研究在理论、方法和应用上得到进一步拓展。[218]徐君等指出资源型城市脆弱性研究是中国推进资源型城市可持续发展与社会现代化建设过程中关注的热点问题，并从完善脆弱性内涵和评价理论体系、加强演化机制和预警机制研究、延展资源型城市脆弱性研究范围等方面对资源型城市脆弱性的未来研究方向进行展望。[219]方创琳、王岩指出城市脆弱性是指城市在发展过程中抵抗资源、生态环境、经济、社会发展等内外部自然要素和人为要素干扰的应对能力，并采用系统分析方法和综合指数评价法，从资源、生态环境、经济和社会4个方面确定10项分指数、选取36个具体指标，构建了中国城市脆弱性综合测度指标体系，并确定测度标准值，对中国地级以上城市脆弱性及其空间分异做了总体评价。[220]

2.3.3 贫困脆弱性研究

李丽、白雪梅研究印证了用脆弱性预测贫困的可靠性。[221]武拉平等分析了气象灾害对农户脆弱性的影响，指出水灾、旱灾、风灾等气象灾害普遍加重了农户的脆弱性，通过对脆弱性各分解部分影响因素的回归结果指出农户纯农业经营模式更容易导致分解部分的脆弱性，而教育、劳动人数和固定资产等的提高能降低分解部分的脆弱性。[222]

万广华等利用山西、山东两省农户调查数据，从资产视角来综合研究贫困脆弱性、慢性贫困和暂时性贫困问题。[223]叶初升等测量了中俄农村家户脆弱性水平及其长期变动趋势，并在分解贫困脆弱性的基础上探寻了两国不同类型的经济转型对农村家户福利水平的长期影响,并以贫困家户抵御各种风险冲击的能力为视角来评价中俄两国经济转型的绩效。[224]葛珺沂首先分析了西部少数民族地区的贫困问题,提出运用其他国家或其他省市脱贫的理论和经验是很难解决民族地区贫困问题的,同时利用发展模型对云南省红河州各个县市的脆弱性做出计算,以掌握整个地区的贫困程度和地区差异,据此对西部少数民族地区的贫困问题做出初步的分析和探索,提出逐步形成农业科技园区、因地制宜发展合作社机制等对策建议。[225]任军营分析了豫西山区农户生计现状,通过贫困指数和生计脆弱性对研究区域农户生计做了系统概括,度量其贫困脆弱性,剖析贫困脆弱性影响因素在各脆弱性层次的作用异同[226]。

彭新万、程贤敏指出当前我国农村长期贫困是一种脆弱性贫困,并提出在统筹城乡发展的背景下,制定消除农村长期贫困的基础性政策应从消除社会排斥的层面降低农户的脆弱性。[227]杨龙、汪三贵采用预期贫困的脆弱性测量方法,在1274元和2300元两条贫困线下,首次利用具有全国代表性的中国农村贫困监测调查53271个农户微观数据对贫困地区农户脆弱性进行测量,描述了脆弱农户的家庭特征和社区特征,分析了不同地形下汉族和少数民族农户脆弱性的影响因素,指出随着贫困线标准的提高,脆弱性测量与贫困测量的不一致程度增大,提出应将贫困测量和脆弱性测量方法结合起来进行贫困瞄准、关注特殊类型贫困地区的农户和注重减小冲击性事件对贫困农户福利的影响等建议。[228]伍艳从可持续生计框架视角,使用秦巴山片区590户农村家庭2011年和2012年的平衡面板数据,定量分析农户生计系统的脆弱性,指出社会资本缺乏型、金融资本缺乏型和人力资本缺乏型农户的脆弱率高于农村平均水平,即生计资本的多种缺乏是贫困地区农户陷入慢性贫困的根源。[229]

王欢以川滇藏区的四川省理塘县和云南省香格里拉市为研究对象,对农民家庭的社会资本现状、贫困脆弱程度及二者之间的关系进行研究,提出了增强社会资本、降低贫困脆弱性的相关政策建议。[230]杨浩等分析了气象灾害对农户脆弱性的影响,指出水灾、旱灾、风灾等气象灾害普遍加重了农户的脆弱性,农户纯农业经营模式更容易导致分解部分的脆弱性,而教育、劳动人数和固定资产等提高能降低分解部分的脆弱性,并依据结论提出了相应的扶贫政策建议。[231]李静、覃扬庆运用可持续生计理论及其分析框架对湘西自治州L县24个贫困村的生计现状和脆弱性进行了实证分析,指出生计资本匮乏和脆弱性叠加是少数民族贫困地区农户脱贫的主要障碍,提出以可持续生计建设为核心,科学评估农户的生计资本,建立贫困家庭的预警机制;培育和积累生计资本存量,提高贫困农户的发展能力;设计以资产为基础的生计政策和专项救助制度的动态叠加,[115]提高贫困农户抵御风险的能力。

2.4 研究评价

国内对新型城镇化问题的研究以国家新型城镇化发展战略的提出为契机，在传统城镇化发展问题研究的基础上，对新型城镇化建设的内涵、各地新型城镇化建设的模式和路径选择等进行了较为丰富的研究，对民族地区建设问题的反思和新型城镇化建设的特殊性、紧迫性及存在问题和路径模式也进行了广泛深入的探讨和研究，其中对藏区和西藏新型城镇化建设的研究也不少，但是对新型城镇化建设与农牧民可持续生计协调发展的研究并不多见。

国内对于可持续生计研究的大量成果中以可持续生计的整体研究及其对生计策略影响的研究为主，其次是对人力资本及其对生计策略的影响研究，对社会资本及其对生计策略影响的研究呈现出一定的发展趋势，但是对自然资本和金融资本及其对生计策略影响的研究相对较少。通过对文献的统计分析发现，国内真正开始广泛关注藏区和西藏农牧民生计资本的研究是在 2005 年以后，这与国家西部大开发政策及为促进藏区和西藏经济社会发展出台的一系列政策有一定关系。目前国内学者对藏区和西藏农牧民生计资本的研究是多方位、多层面的，既有从生计资本整体展开的综合分析研究，也有从人力资本、社会资本方面重点进行的研究探析，这些成果为后续研究发展提供了诸多有益的参考和借鉴，但相关研究在研究区域、研究内容和研究方法等方面还存在着许多可以改进的空间。具体来说：一是总的研究数量上还不是很多；二是研究内容上对农牧民生计资本各要素的独立研究和关联性研究还不全面，既缺乏对金融资本、物质资本和自然资本的研究，也缺乏对生计资本各要素间的关系和相互影响的研究。因而，今后国内学者除了继续深入进行对藏区和西藏农牧民生计资本的整体研究外，还需要重点关注和加大对人力资本和社会资本等的扩展研究，以及对自然资本、物质资本和金融资本的创新和深入研究等。此外，由于现有研究较少涉及农牧民生计资本各要素间的关系和相互影响，因此这也应成为后续研究关注的重要领域和视角。同时在研究主体上，需要更加广泛的研究者和不同类型的研究单位积极投身到研究中来。

国内对与可持续生计相关脆弱性的研究内容主要分三方面：一是生计脆弱性研究；二是城市脆弱性研究；三是贫困脆弱性研究。这三方面内容都紧密围绕可持续生计框架的基本原理，结合脆弱性理论展开，其核心就是脆弱性对可持续生计的冲击与影响，目前对于城市贫困和贫困问题的研究运用较广。

综上，目前国内对藏区和西藏农牧民生计资本的研究尚处于理论应用和探索阶段，还没有形成完整的研究体系，需要后续的不断深入和创新，包括生计资本理论创新、生计资本开发路径创新和资本利用制度创新,以及外力冲击下导致的脆弱性与可持续发展(如城镇化建设对原有生计策略的冲击和影响),这应该成为此类研究较长时期内的重要研究方向,当然也要持续关注贫困的脆弱性或脆弱性贫困,对于四省藏区和西藏来说更是如此。同时,四省藏区和西藏农牧民生计资本开发利用与藏区和西藏经济社会发展的协调关系也应被重点关注,如新型城镇化建设与农牧民可持续生计。今后,在四省藏区和西藏经济社会形势不断发展变化的背景下进行深入调查和思考,可以通过创新性研究促进有关四省藏区和西藏农牧民生计资本研究成果的积累与政策转化,并以此推动四省藏区和西藏农牧民生计资本状况的改善来实现收入增长,更好地服务于四省藏区和西藏经济社会的可持续发展。[117]

第 3 章 研究的理论基础

3.1 新型城镇化

新型城镇化是以科学发展观为引领,以新型工业化、信息化为发展动力,以统筹兼顾为原则,推动城市现代化、城市集群化、农村城镇化,全面提升城镇化质量和水平,走资源节约、环境友好、社会和谐、个性鲜明,大中小城市和小城镇协调发展的道路,实现城乡统筹、城乡一体的城镇化。[232]

新型城镇化的内涵为:一是科学发展观是新型城镇化的指导思想,即以科学发展观为指导,满足人的多方面需求,包括经济、生活、安全等;二是以信息化为支撑的现代农业、新型工业和现代服务业是新型城镇化的物质基础,"新型"与"现代"具有资源节约和环境友好的特征;三是城乡生产要素的自由流动是新型城镇化的前提;四是"人的城镇化"是新型城镇化的核心,新型城镇化的核心是人的城镇化,不是以"物"为中心的城镇化,离开了人,经济的发展是没有任何意义的;五是"人—乡—城—自然"的和谐发展是新型城镇化的目标,蕴含着人与人、人与自然、人与城镇、人与乡村的协调发展;六是集约、绿色、智能、低碳为新型城镇化的特征。[232]中国特色新型城镇化在不同理论支撑下表现的主要特征,以及未来的表现形态如表 3.1 所示。[233]

表 3.1 新型城镇化的理论基础及具备特征和表现形态[233]

理论基础	具备特征	表现形态
社会分工理论	产业集群,区域发展	产业城市融合发展;各具比较优势的大中小城市群
系统工程理论	统筹发展,四化同步	统一规划、因地制宜;"中心城市—都市经济圈—区县示范镇—新农村社区"等多形态、多层级的城镇体系
二元结构理论	城乡互动,公平正义	以工促农,以城带乡;健全的公共服务和社会保障体系
制度变迁理论	产权明晰,包容创新	惠及农民的城镇化红利;城乡土地、劳动力等要素的自由流动
可持续发展理论	生态文明,高效集约	兼顾质量与效益的发展模式;生态城市、智慧城市、数字城市、低碳城市等

3.2 可持续生计相关理论

3.2.1 可持续生计理论

20世纪80年代末,世界环境与发展委员会(World Commission on Environment and Development,WCED)的报告中首次提出可持续生计概念,"是指个人或家庭为改善长远的生活状况所拥有和获得的谋生的能力、资产和有收入的活动"。目前被学界普遍接受和沿用的可持续生计概念,是由 Scoones 所界定的:"某一个生计由生活所需要的能力、有形和无形资产及成果组成。如果这种生计能应付压力和冲击进而恢复,并且在不过度消耗其自然资源基础的同时维持或改善其能力和资产,那么该生计具有可持续性。"[234]

英国国际发展部(Department For International Development,DFID)在《可持续生计指南》中提出的可持续生计分析框架目前在世界范围内使用最广,也最有影响力。20世纪末,英国国际发展部将生计资本与生计策略联系起来,纳入可持续生计分析框架内,认为不同的生计资本状况决定农户的生计策略选择。所谓生计策略,即家庭依靠生计资本要素选择参与不同的生计活动,通过创造生存所需的物质资料和精神资料实现可持续生计。DFID 可持续生计分析框架由脆弱性背景、生计资本、结构和制度转换、生计策略和生计输出5个部分组成,并通过一个二维平面图清晰展示了生计构成核心要素以及各要素之间的结构和影响关系,如图3.1所示。[234]

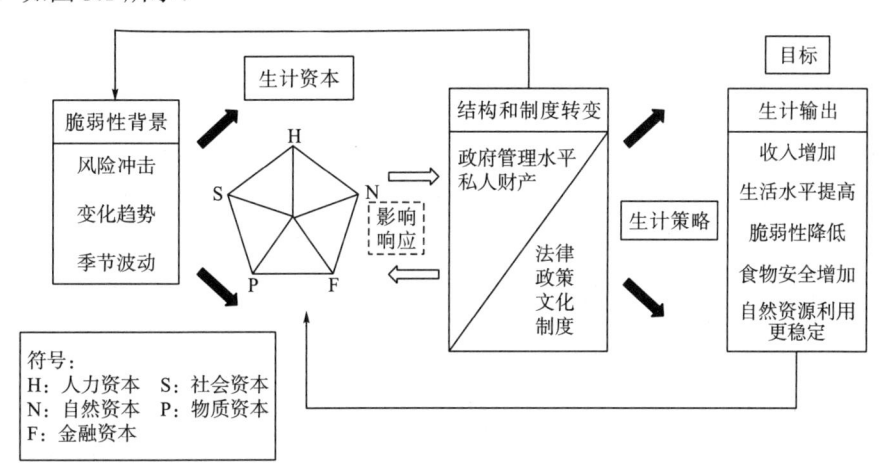

图 3.1 DFID 可持续生计分析框架

资料来源:DFID. Sustainable Livelihoods Guidance Sheets[M].London:Department for International Development,2000:68.

在构成 DFID 可持续生计分析框架的五要素中，各部分之间相互决定和影响，构成复杂的关系链，具体可描述为：在风险冲击、变化趋势和季节波动等因素形成的脆弱性背景中，农户的生计资本受到了严重制约，从而影响了政府管理水平、私人财产等组织结构硬件和法律、政策、文化、制度等程序过程软件的变动趋势。政府和制度转变是对创造生计资本的响应，在一定程度上能够调节农户对资源的拥有，同时也在一定程度上影响环境状况；上述结构和过程的转变进而决定农户所采用的生计策略类型，最后导致某种生计结果，而生计结果会反过来影响农户的生计资本状况。依据可持续生计分析框架，良好的生计输出需要在明晰脆弱性背景、生计资本、结构和制度转变的基础上，对诸要素进行有效引导和把握，尤其是要合理评估生计资本并通过改善外部环境、结构和制度转变，以增进生计资本。拥有较多资本的人们往往拥有更多的选择权，并有能力运用一些政策措施确保他们的生计安全。因而可以认为农户各项生计资本对其生计策略的负面影响可以通过结构和制度转变来改善，进而优化农户的生计策略选择，获取更好的生计输出结果。[118]可持续生计理论的内涵是农民不仅追求经济收入的增加，还追求接受教育的机会，减少脆弱性并且力图规避风险。

3.2.2 可持续发展理论

可持续发展的概念是可持续发展理论与实践的核心。自 20 世纪 80 年代提出可持续发展以来，一直是国际社会广泛讨论和研究的焦点。世界环境与发展委员会（WCED）在 1987 年《我们共同的未来》中提出了"既满足当代人的需要，又不对后代人满足其需求能力构成危害的发展"。可持续发展两个基本的要素就是"发展"（Development）和"可持续性"（Sustainability）。WCED 认为，满足人类需求和愿望是发展的主要目标，包括经济和社会循序渐进的变革。可持续发展的含义是一个涉及经济、社会、文化、技术及自然环境的综合概念，包括自然环境与生态环境、经济、社会三位复合系统。可持续发展的最终目标就是不断满足当代和子孙后代不断增长的物质文化需求，同时协调自然、社会、经济系统，使人类生活质量得到改善和提高，促进社会永续进步。[235]

可持续发展理论的主要内容包括经济可持续发展、社会可持续发展，以及生态与环境的可持续发展。在社会可持续发展方面，发展的本质应包括改善人类生活质量，提高人类文明水平，创造保障人们平等、自由、教育、人权和免受暴力的社会环境。因此，在人类可持续发展系统中，经济可持续发展是基础，生态可持续发展是条件，社会可持续发展才是最终目的。可持续发展的核心思想是人类的经济建设和社会发展不能超越自然资源与生态环境的承载能力，资源和环境是人类生存与发展的基础。[236]

3.2.3 人力资本相关理论

美国著名经济学家西奥多·W.舒尔茨在 20 世纪 60 年代提出了"人力资本"的概念，开创了人力资本理论的研究。人力资本理论蕴含这样的逻辑：贫困是穷人由于人力资本不足导致其能力缺乏，在社会上只能担当重要程度较低的职位和得到较低的收入。因此，需要通过对贫困人口的教育、医疗保健、职业培训等方面的投资来提高他们的人力资本水平，促进能力提升，获取较好的就业职位和收入，改善生活质量，促进全面发展。人力资本的贫困理论主要从贫困主体自身的角度来研究贫困问题，认为人力资本存量低下且人力资本投资不足是贫困的主要根源。其代表人物主要有西奥多·W.舒尔茨、阿马蒂亚·森及赫伯特·J.甘斯等。[237]

1. 舒尔茨的人力资本理论

1979 年的诺贝尔经济学奖得主西奥多·W. 舒尔茨(Theodore W. Schultz)是人力资本理论的建构者，1960 年他首次提出"人力资本投资"的概念，明确提出人力资本是当今时代促进国民经济增长的主要原因。他认为，人力资本是体现在劳动者身上的一种资本类型，即知识程度、技术水平、工作能力等方面的价值总和，人力资本是通过投资实现的，可以将人力资本投资渠道分为以下几种，包括医疗保健费用、学校教育、在职人员培训、个人和家庭为适应就业机会的变化而进行的迁移活动等。人力资本理论认为，"贫困，在很大程度上是人力投资的机会遭到挫折的结果"。"改进穷人福利的关键因素不是空间、能源和耕地，而是提高人口质量、提高知识水平"。[236]

2. 阿马蒂亚·森的能力贫困理论

能力贫困理论是由阿马蒂亚·森在《以自由看待发展》(1999)一书中提出的。他认为贫困可以用可行能力的被剥夺来合理识别，贫困是基本可行能力的绝对剥夺，并对可行能力进行了解释，即一个人有可能实现的、各种可能的功能性活动。他从能力的视角去定义贫困，认为贫困意味着贫困人口缺少获取和享有正常生活的可行能力，从而区别于传统的贫困定义，开创了贫困问题研究的新领域，是贫困理论发展的一个里程碑。[238]

3. 甘斯的功能贫困理论

功能贫困理论认为，在一定程度上，贫困是社会存在的一种功能和需要。在实现社会价值中各种职位的重要程度并不相同，同时个人的天赋和努力程度也存在差异。通常情况下，社会为了高效地实现其价值目标，需要天赋较高的人去担当较为重要的角色，并为他们提供丰厚的报酬，而那些对实现社会主导价值目标的重要性程度相对不高的职位，社会提供的报酬就较低，功能贫困理论的代表人物是美国社会学家赫伯特·J. 甘斯(Herbert·J. Gans)。[237]

3.2.4 社会资本理论

现代意义上使用的社会资本概念起源于社会学研究。1961 年，简·雅各布斯在《美国大城市的生与死》一书中首次使用社会资本概念，并阐述了公民意识对城市和人民生活兴旺的重要性。对社会资本概念最早做出系统表述的是法国社会学家皮埃尔·布尔迪厄，布尔迪厄在《社会科学研究》杂志上发表了题为《社会资本随笔》的短文，正式从社会学的意义上提出了"社会资本"这个概念，并把它界定为"实际或潜在资源的集合，这些资源与由相互默认或承认的关系所组成的持久网络有关，而且这些关系或多或少是制度化的"。1962 年，经济学家格伦·卢里在批判新古典经济理论时也提到了这个概念，他虽然没有对这个概念展开论述，但是却从经济学的角度使用了这个被布尔迪厄做过社会学解释的社会资本概念。1988 年，社会学家詹姆斯·科尔曼对社会资本理论做了较为系统的阐述。他从社会结构的意义上论述了社会资本的概念，并在此基础上形成了他的"经济社会学理论"。然而直到 20 世纪 90 年代，时任哈佛大学社会学教授罗伯特·普特南的社会资本概念提出才真正引起社会的广泛关注。普特南和他的合作者在意大利南部就社会资本问题进行了长达 20 年的调研，在此基础上写成了《使民主运转起来》一书和《独自打保龄球——美国下降的社会资本》《繁荣的社群——社会资本和公共生活》《公民美国的奇怪消亡》等文章，在社会上引起广泛反响，其书中提到的社会资本概念也因此引起了人们的广泛关注。普特南指出，社会生活中那些表现为网络、互惠规范和信任的特征构成了一个社会的"社会资本"，社会资本能促进成员为实现共同利益而团结合作，减少群体内的机会主义行为。[239]

布尔迪厄提出的"场域"的概念是在某一特定位置上而存在的社会关系网络，一个人所拥有的社会资本量又取决于他能调动的关系网络的规模。如果人们让社会资本为自己而服务，那么社会资本就是转化成为一种现实的可被人们利用的资本或资源；但当这种社会资本不被人们所利用时，它仍然作为一种静态的资本而存在。科尔曼首次从功能主义的方面对社会资本做出了全面的定义，他认为，"社会资本的定义是由它的功能而来。它不是某种单独的实体，而是具有某种形式的不同实体，其共同特征有两个。它们由构成社会结构的各个要素所组成。它们为结构内部的个人行动提供便利。和其他形式的资本一样，社会资本是生产性的，是否拥有社会资本，决定了人们是否可能实现某些既定的目标"。林南认为社会资本是"投资在社会关系中并希望在市场上得到回报的一种资源，是一种镶嵌在社会结构之中并且可以通过有目的的行动来获得或流动的资源"。他所认为的社会资本必须存在于某种特定的社会结构当中，并从中去运用它。[190]

3.3 贫困脆弱性理论

"脆弱性"在学界的使用源于地理学和自然灾害研究，之后拓展到其他领域。20世纪90年代世界银行将贫困脆弱性定义为：个人或家庭面临某些风险的可能，并且由于遭遇风险而导致财富损失或生活质量下降到某一社会公认的水平之下的可能。1995年，世界粮食计划署从三方面对贫困的脆弱性进行分析，即风险因素(食物不足的风险)、抵御风险的能力、社会服务体系(社会发展水平)。威斯纳等学者将脆弱性分为物理脆弱性、经济脆弱性和社会脆弱性等。[240]

Moser提出，贫困脆弱性可以理解为个人、家庭和社区由于缺乏一系列的资产而面临的贫困风险的增加。[241]Watts和Bohle认为风险暴露、低风险处理能力和最终的风险是脆弱性的根源，还有学者认为脆弱性是"事前"风险与"事后"风险处理相互博弈的结果，并通过家庭内部机制进行调节，Dercon提出了一个风险与脆弱性分析框架，认为脆弱性主要受到资产风险、收入风险和福利风险的影响，该框架在一个体系中纳入了农户的各类资源、收入、消费及制度安排。[242]

贫困和脆弱性是两个不同的概念，但彼此又相互联系。贫困是能够直接观察得到的，只要有一个确定的贫困线，就能很容易判断一个家庭是否贫困。但是脆弱性是未来陷入贫困的可能性，是不能直接观察得到的，需要通过一定的手段来预测，[234]即前者是静态的，是对现有福利状况的描述；后者是动态的，是前瞻的福利预测。贫困的动态性是指一个家庭现在可能不贫困，但并不代表它明天不是贫困的，反之亦然。这种进入或退出的变化，既可能是由于社会收入水平或经济水平的变化而引起的贫困线的变化，也可能是由于个人或家庭的原因。[230]Prichett把贫困和脆弱性联系到一起，认为贫困脆弱性是一个家庭在未来的若干年内有一年福利水平低于贫困线的概率。[242]脆弱性贫困主要指家庭或个人当前面临的在未来遭遇各种可能导致贫困风险的概率或可能性，主要包括持续贫困状态和由不贫困进入贫困状态。[243]

从风险、脆弱性与贫困的关系来看每一个家庭都处在某种经济和社会环境之下，而环境中总是存在各种风险。家庭对风险抵御的效果一般取决于两个方面：一是家庭的抵御风险能力。这个能力可以理解为家庭拥有的各种资本，包括物质资本、人力资本、社会资本等可以提高家庭谋生能力的资本，家庭通过利用这些资本就可以创造出可以满足消费的收入。二是家庭采取的风险抵御行动。这种行动分为事前行动和事后行动，事前行动可以通过积累资产、增加储蓄来抵御风险；事后行动可以通过减少支出、降低生活质量、减少投资等方式抵御风险。脆弱性的大小是由风险的冲击和家庭对风险冲击抵御能力和行动共同决定的。面临同样的风险冲击，家庭抵御风险的能力越强，脆弱性就越小。家庭抵御风险的行动越多、越有效，其脆弱性也就越小。[242]穷人的生计更脆弱，是因为他们的风险抵御能力更低或风险抵御能力范围不能完全保护他们。风险冲击导致个人或家庭福利降低或贫困的前提是家庭缺少抵御风险的能力。因此，家庭抵御风险的能力低也是导致穷人持续贫困的一个原因。[234]

第4章 西藏城镇化发展与新型城镇化建设

本研究是针对新型城镇化背景下西藏农牧民的可持续生计与就业问题进行的调查与研究，所涉及的研究内容主要包括农牧民的生计资本、生计类型与就业和培训现状，以及影响农牧民生计策略类型和就业的影响因素等，这些都反映了西藏新型城镇化背景下农牧民的基本生存和发展问题，而该研究也有着西藏城镇化发展与新型城镇化建设的大背景。城镇化发展是国家现代化和城市化发展进程中推动西藏经济社会健康发展的重要内容，新型城镇化的核心内涵是民生、可持续发展和质量，离开了人，经济的发展就没有任何意义。所以西藏城镇化发展和新型城镇化建设的现状和问题以及特殊性等，不仅对当地经济社会的建设和发展有着重要的影响，也会对农牧民的可持续生计与就业产生直接的影响，因而本章对西藏城镇化发展和新型城镇化建设现状与问题的分析也是十分必要的。[244]

4.1 新型城镇化

4.1.1 我国新型城镇化的提出

城镇化是国民经济和社会发展的重要动力，也是经济发展特别是工业化进程和现代化进程推进的必然结果。[245]其本质是由传统落后的农村社会转变为现代先进城市社会的历史进程，即农村人口在空间上的转换；非农产业向城镇聚集；农业劳动力向非农业劳动力转移，其核心是人口就业结构、经济产业结构的转化过程和城乡空间社区结构的变迁过程。[246]

改革开放以来，我国快速城镇化取得了一些成果：吸收农村剩余劳动力，使其向第二、三产业转移；带动农村各方面的发展，改善地区产业结构；推进科技进步，提高区域整体发展水平；利于城乡交流，缩小城乡差距。但是在取得成果的同时也浮现了一些突出的问题：一是对农业经济的忽视导致"三农"问题始终动力不足，农民生活质量无法提高；二是对城市空间管治不到位，导致基本农田不断被侵占，浪费与紧缺并存；三是对生产技术创新的投入不足致使大量城镇长期处于产业链条末端,同质化现象与内耗愈发激烈;四是对传统能源和材料的过度依赖导致资源几近枯竭;五是节能意识的薄弱和对环境监管力度的放松导致长期的高污染、高耗能和高排放等。[232]

面对这些城镇化建设过程中凸显的质量问题,具有中国特色的新型城镇化概念应运而生。2007 年张荣寰在《中国复兴的前提是什么》中最早提出新型城镇化。2010 年,国家"十二五"规划推出"优化城镇布局,提升城镇质量"的城镇化发展理念。十八大报告提出了我国新型城镇化的战略重点,同时进一步强调了新型城镇化的全国"一盘棋"行动,加快实施主体功能区战略,推动各地区严格按照主体功能定位发展,构建科学合理的城市化格局、农业发展格局、生态安全格局。[232]

新型城镇化与传统城镇化的对比分析如表 4.1 所示。

表 4.1 新型城镇化与传统城镇化的对比分析[232]

	新型城镇化	传统城镇化
指导思想	注重人民民生、质量、可持续发展	注重城镇化速度、城镇化率
发展目标	以人与城、乡和自然的和谐为目标	以城镇化率,即非农人口比重为发展目标
推进主体	民众、企业、政府等为主体	主要以中央政府和省级政府为主
推进方式	大中小城市统一规划、协调发展	发展大城市为主,带动小城市、城镇发展
推进策略	根据各个地区不同特点选择符合当地情况的策略	缺乏因地制宜的策略

4.1.2 新型城镇化的推行[232]

2014 年 9 月 16 日,国务院总理李克强主持召开推进新型城镇化建设试点工作座谈会;国家发展改革委等 11 部门联合印发《关于开展国家新型城镇化综合试点工作的通知》。新型城镇化主要指标如表 4.2 所示。

表 4.2 新型城镇化主要指标[232]

指标	2012 年	2020 年
城镇化水平		
常住人口城镇化率(%)	52.6	60 左右
户籍人口城镇化率(%)	35.3	45 左右
基本公共服务		
农民工随迁子女接受义务教育比例(%)		≥99
城镇失业人口、农民工、新成长劳动力免费接受基本职业技能培训覆盖率(%)		≥95
城镇常住人口基本养老保险覆盖率(%)	66.9	≥90

续表

指标	2012 年	2020 年
城镇常住人口基本医疗保险覆盖率(%)	95	98
城镇常住人口保障性住房覆盖率(%)	12.5	≥23
基础设施		
百万以上人口城市公共交通占机动化出行比例(%)		60
城镇公共供水普及率(%)	81.7	90
城市污水处理率(%)	87.3	95
城市生活垃圾无害化处理率(%)	84.8	95
城市家庭宽带接入能力(Mbps)	4	≥50
城市社区综合服务设施覆盖率(%)	72.5	100
资源环境		
人均城市建设用地(平方米)		≤100
城镇可再生能源消费比重(%)	8.7	13
城市绿色建筑占新建建筑比重(%)	2	50
城市建成区绿地率(%)	35.7	38.9
地级以上城市空气质量达到国家标准比例(%)	40.9	60

资料来源：《国家新型城镇化规划》(2014—2020 年)。

4.2　西藏的城镇化发展阶段

美国地理学家诺瑟姆在 1975 年通过对各个国家城市人口占总人口比重的变化研究发现：城市化进程具有阶段性规律，全过程呈现一条被拉平的 S 形曲线。[247]该曲线如图 4.1 所示。

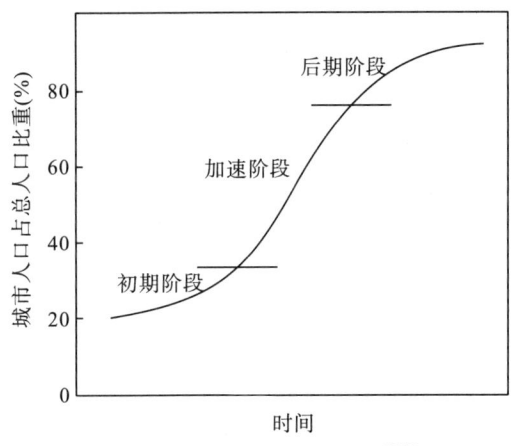

图 4.1　诺瑟姆"S"型曲线[232]

第一阶段为城镇化初期阶段，城镇人口增长缓慢，当城镇人口超过10%以后，城镇化进程开始逐渐加快；当城镇化水平超过30%时进入第二阶段，城镇化进程出现加快趋势，这种趋势一直要持续到城镇人口超过70%以后才会放慢；之后城镇化进入第三阶段，城镇化进程停滞或略有下降。[247]当然不是所有国家都遵循这一规律，但大部分国家的时间数据支持这一结论。从1800年到1900年的100年间，世界城市人口从2930万人增加到2.24亿人，占世界总人口的13.6%，城市化水平年均增长10.6%。从1900年到1950年的50年间，世界城市人口从2.24亿人增加到7.06亿人，城市人口占世界总人口的比重增加到28.6%，比1900年增加了15个百分点。第二阶段是从1950年到2000年，世界城市化进入了加速阶段。[248]到2000年，城市人口达到30多亿人，占世界总人口的50%以上。但世界各国的城市化进程并不一致，甚至差别加大。以1970年为例，高收入国家的城市人口比重已经达到74%，而中等收入国家为46%，低收入国家仅为18%，低收入国家同高收入国家的城市化差距达到56个百分点。进入20世纪90年代后，低收入国家城市化水平加速，城市人口年均增长3.8%，高于中等收入国家及世界平均水平，尽管如此，低收入国家与高收入国家和中等收入国家的城市化水平还有很大差距。后期阶段也称为成熟阶段，以第三产业在城市经济中的比重日益扩大为依据，城市化水平达到70%以上，全社会的人口进入低出生率、低死亡率、低增长率的阶段。城市化水平开始放慢，最后达到城市与乡村之间人口转移的相对平衡状态。[248]

城镇化率（又称为城市化率、城市化度、城市化水平、城市化指标），以一个国家或地区城镇人口占总人口的比重来计算，是一个国家和地区经济发展的重要标志，也是衡量一个国家或地区社会组织程度和管理水平的重要标志。[249]改革开放以来，尤其是2000—2015年的十几年间，中国城镇化水平随着经济发展不断提高，城镇化发展十分迅速，不断推动着现代化的进程（表4.3）。

表4.3　2000—2015年中国总人口数及城镇人口数[250]

年份	总人口数(年末)(万人)	城镇人口数(万人)	比重(%)
2000	126743	45906	36.22
2001	127627	48064	37.66
2002	128453	50212	39.09
2003	129227	52376	40.53
2004	129988	54283	41.76
2005	130756	56212	42.99
2006	131448	58288	44.34
2007	132129	60633	45.89
2008	132802	62403	46.99
2009	133450	64512	48.34

续表

年份	总人口数(年末)(万人)	城镇人口数(万人)	比重(%)
2010	134091	66978	49.95
2011	134735	69079	51.27
2012	135404	71182	52.60
2013	136072	73111	53.73
2014	136782	74916	54.77
2015	137462	76750	55.88

资料来源：《中国统计年鉴(2016)》。

2005—2016年全国与西藏及含藏区四省城镇化率如表4.4和图4.2所示。

表4.4　2005—2016年全国与西藏及含藏区四省城镇化率(%)[251]

年份	全国	西藏	青海	四川	甘肃	云南
2005	42.99	20.85	39.25	33.00	30.02	29.50
2006	44.34	21.13	39.26	34.30	31.09	30.50
2007	45.89	21.5	40.07	35.60	32.25	31.60
2008	46.99	21.9	40.86	37.40	33.56	33.00
2009	48.34	22.3	41.90	38.70	34.89	34.00
2010	49.95	22.67	44.72	40.18	36.12	34.70
2011	51.27	22.71	46.22	41.83	37.15	36.80
2012	52.57	22.75	47.44	43.53	38.75	39.31
2013	53.73	23.71	48.51	44.90	40.13	40.48
2014	54.77	25.75	49.78	46.30	41.68	41.73
2015	56.10	27.74	50.30	47.69	43.19	43.33
2016	57.35	29.56	51.63	49.21	44.69	45.03

资料来源：《中国统计年鉴(2016)》和2016年各地统计公报。

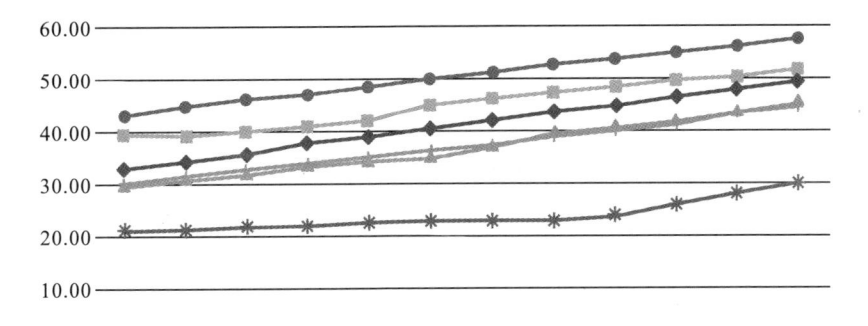

图4.2　全国与西藏及含藏区四省城镇化率(%)

从图 4.2 中可以明显看出，全国和西藏及含藏区四省的城镇化率从 2005 年到 2016 年整体呈上升趋势。其中，全国城镇化率高于西藏及其他有藏区的各省城镇化率，说明这些地区的城镇化率落后全国平均水平；西藏城镇化率处于较低水平，西藏 2016 年才能达到甘肃和云南 2005 年的城镇化水平，说明西藏地区由于地理环境等因素的影响，城镇化建设发展滞后。如表 4.4 所示，从 2005 年到 2016 年，西藏城镇人口比重仅由 20.85%增加到 29.56%，12 年间仅增加了 8.71%。由此可以看出西藏城镇化水平低，城镇化发展较为缓慢，总体上城镇化发展水平远远落后于其他含藏区省份和全国的平均水平，这与其特殊的地理区位、人口总量与分布、经济总量和发展水平不无关系。

综合以上统计数据和图 4.1，结合美国地理学家诺瑟姆在 1975 年所发现的城市化进程阶段性规律，可以总结出 2005—2016 年全国、青海、四川、甘肃、云南和西藏城镇化发展的阶段特点。第一，在 2005 年，全国、青海、四川和甘肃的城镇化率分别为 42.99%、39.25%、33%和 30.02%，均超过 30%，已进入城镇化发展的第二阶段，即城镇化进程出现加快趋势。云南的城镇化率虽然没到 30%，但是已经很接近了（29.50%）；而西藏在 2005 年的城镇化率仅为 20.85%，虽然城镇人口已超过 10%，城镇化进程开始逐渐加快，但还处于城镇化的初期阶段。[247]第二，经过十多年的发展，西藏在 2016 年的城镇化率仅为 29.56%，仍没有迈入城镇化发展的第二阶段。第三，从发展速度来看，2016 年全国、青海、四川、甘肃和云南的城镇化率分别达到 57.35%、51.63%、49.21%、44.69%和 45.03%，与 2005 年相比分别增加了 14.36%、12.38%、16.21%、14.67%和 15.53%，年均增长率分别为 1.31%、1.37%、1.48%、1.34%和 1.42%，年均增长率都超过了 1%；而西藏的城镇化率从 2005 年的 20.85%增长到 2016 年的 29.56%，十多年间仅增加了 8.71%，年均增长率不足 0.8%，远远落后于全国和青海、四川、甘肃和云南等地区，城镇化发展速度缓慢。

综上所述，城市（镇）是一个地区政治、经济和科学文化教育的中心，也是一个地区经济发展的支点和人口聚集的平台。[252]城镇化水平标志着这个地区经济社会发展的程度和现代化建设的进程。西藏与其他含藏区省份由于区域和地方经济社会发展条件和程度的不同，其城镇化发展和城镇化发展速度也处于不同的阶段和速度水平。[248]总体上，其他含藏区省份的城镇化发展程度虽然不及全国，但其城镇化发展总体水平和发展速度与全国的城镇化发展步调基本一致，而西藏的城镇化发展水平和发展速度均明显落后于其他含藏区省份和全国水平，城镇化发展速度缓慢。

4.3 西藏城镇化发展的制约与问题

长期以来，西藏由于地处高寒偏远，社会经济基础薄弱，城镇发展缓慢，1951年西藏和平解放时其城镇发展水平很低。之后60多年来，尤其是"西部大开发"战略实施、社会主义新农村建设、加大生态保护和建设投入力度的重大机遇下，国务院和全国各省、市、自治区援藏的多项建设工程及随后进行的对口援藏建设，如青藏铁路的修建与开通等支持，极大地带动了西藏的城镇化建设，许多城镇的基础设施、公共设施和商业服务、文化卫生设施建设等都得到了不同程度的完善，使西藏的城乡面貌发生了翻天覆地的变化。[253]

西藏因其区位因素、气候地理条件和经济社会发展的基础条件等自然经济社会发展等诸多方面和全国其他地区相比有着很大的特殊性，其城镇化的发展也有其自身的特点：[254]西藏城镇规模普遍偏小；区域经济发展整体较弱，发展进程总体落后；目前已基本形成以拉萨为中心，地级市市辖区和所在地为次中心，县城、边贸口岸为基础的三级城镇格局；从城镇发展的动力因素分析，西藏产业经济实力弱小；由于缺乏强有力的产业支撑普遍存在发展后劲和发展动力不足的问题，西藏现有城镇大多为消费型城镇，缺乏自身造血功能。[255]

西藏城镇化发展相对落后与西藏社会历史发展进程的特殊性和自然条件等都有很大的关系。西藏城镇化的发展是自然条件、人文因素、重大历史事件和中央的援藏政策等共同作用的结果。当前有关西藏城镇化发展研究的文献中对自然和人文条件的作用已有较详细和透彻的分析。高海拔引起的缺氧和低温是制约西藏城镇化发展的主要因素，而自然条件的不均衡分布决定了西藏城镇化的不均衡发展。人文因素对西藏城镇化空间分布的影响主要表现在交通的发展对交通线沿线的城镇发展的促进作用。西藏东南部海拔较低的谷地人口密度较高，也是城镇化发展较快的地区。[256]

西藏城镇化建设存在以下问题。一是城市数量少、规模小。小规模的城镇越多，财政的负担越大，有限资金的利用率也就越低，致使每个城镇的平均建设资金大大减少，不利于城镇的发展和提高城镇的竞争力。二是城镇功能单一，经济辐射力小。西藏的城镇大多以行政职能为主，其经济基础薄弱。这种单一、封闭的发展轨迹，导致西藏经济缺乏活力，市镇经济存量小，城市之间经济联系少。小城镇的规模小，造成发展空间和辐射区域狭小，城镇功能得不到充分的发挥，不利于集中有限的财力加快农牧区城镇化建设的步伐，导致小城镇发展后劲严重不足和发展速度缓慢。三是城镇分布不均衡，城镇发展差异大。西藏虽然地广人稀，但因人口分布不均衡，在"一江两河"流域也出现了经济、人口、城镇相对集中的现象。城镇分布密度远远高于西藏其他地区。四是城镇功能有待完善。城镇功能和环境的建设是城镇发展的基础。城镇基础设施建设不仅仅是道路建设，还应包括供排水、能源、信息、防灾减灾、环境改善与营建，以及健全城镇的社会公共服务和社区服务功能等系统工程。[255]

4.4 西藏的新型城镇化建设

4.4.1 西藏新型城镇化建设的重要性

2014 年 9 月 28 日召开的中央民族工作会议指出，民族地区推进城镇化，要与我国经济支撑带、重要交通干线规划建设紧密结合，与推进农业现代化紧密结合，[257]还要重视利用独特地理风貌和文化特点，规划建设一批具有民族风情的特色村镇。[258]

2014 年 12 月 31 日召开的西藏自治区经济工作会议指出，要坚持走有中国特色、西藏特点的发展路子，用好扩大就业、改善民生、推进新型城镇化这"三大载体"[259]。

西藏走新型城镇化之路是西藏人民同全国一道全面建成小康社会的必由之路，推进新型城镇化给西藏带来了新的重大发展机遇，因为城镇化直接影响着西藏的民生改善和富民稳边，能使农牧民生活水平提高的城镇化就是西藏高质量的城镇化。

4.4.2 西藏新型城镇化建设现状

改革开放和西部大开发以来，西藏城镇化建设目前已经取得了巨大成就，但由于起步较晚、发展水平低，并受制于地理、人文因素的影响，导致其面临着较大的赶超压力。为促进西藏城镇化快速发展，西藏 2014 年发布的《西藏自治区新型城镇化规划(2014—2020 年)》中指出，要构建"一圈两翼三点两线"的城镇化空间格局。[260]全盘推动拉萨市、日喀则市、林芝市、昌都市、那曲县、噶尔县等地区的城镇化。

2015 年 1 月 15 日，西藏召开全区推进新型城镇化工作会议，提出力争到 2020 年全区城镇化水平显著提高，城镇空间布局明显优化，城镇产业支撑不断强化，城镇主体功能进一步增强，城镇发展模式科学合理，城镇化体制机制日趋完善，生态环境更加良好。2015 年 2 月 9 日，西藏自治区党委、政府就西藏自治区新型城镇化工作公布了指导意见，提出力争到 2020 年，使西藏常住人口城镇化率达到30%以上。

4.4.3 西藏新型城镇化建设的特殊性

西藏的新型城镇化发展有着与其他省份截然不同的特殊自然区位基础、发展性质、发展动力、发展阶段和发展格局五大"特殊性"。

1. 新型城镇化发展自然和区位的特殊性

从特殊的自然本底分析，西藏位于世界屋脊的青藏高原，高寒缺氧，全区92%以上的地区海拔超过4000米，生态环境十分脆弱，自然灾害极为严重，藏族人口集聚、民族文化底蕴深厚，文化传承价值巨大。这些都决定了不能过分强调人口等生产要素集聚，不能沿袭其他省份的被动式城镇化，不能建设类似其他省份的城市群，不能追求城镇化的均衡布局，不能追求城镇化的速度和水平，只能追求城镇化的效益与质量以及据点式发展。[33]

2. 新型城镇化发展性质的特殊性

西藏新型城镇化发展性质的特殊性主要体现在以下几个方面。

一是西藏的新型城镇化不是简单的人口城镇化，而是旅游人口带动的城镇化，通过单纯集聚城镇人口总量提升城镇化水平的人口城镇化模式在西藏并不适用，未来西藏的城镇化应该是旅游带动型的城镇化。[261]

二是西藏的新型城镇化不是简单的土地城镇化，西藏地域辽阔，面积达120多万平方千米，占全国陆地面积的1/8，但海拔超过4500米以上不适于人类居住的面积高达80%以上，未来西藏开发强度控制在0.083%，城镇空间控制在261.74平方千米以内，农村牧区居民点占地面积控制在633.98平方千米以内[262]，决定了西藏无法沿袭其他省份走过的土地城镇化发展模式。

三是西藏的新型城镇化不是工业拉动的城镇化，而是服务业拉动的城镇化，2016年全区第三产业增加值比重达53.5%，第三产业就业比重由12.1%提升至40.3%。

四是西藏的新型城镇化不是追求速度的城镇化，而是追求社会效益最大化的社会包容型城镇化，表现为：是以提升城镇化质量为核心的高原特色城镇化，是提升藏族农牧民生活水平的城镇化，是民族和谐型的城镇化，更是守土固边型的城镇化。新型城镇化的目标就是要将扩大就业、提升质量、延伸基本公共服务到重点村镇、确保社会稳定和国家安全摆在优先重要的位置。城镇化不仅要使马路变宽，基础设施变好，重要的是让村民和城市居民享受均等的公共服务。[33]

3. 新型城镇化发展动力的特殊性

一是西藏的新型城镇化是投资拉动型的城镇化。从产投比分析，从1993年到2014年的20多年间，西藏投资总量超过了GDP[1]，投资来源中60%左右依靠国家预算内投资拉动；从地方财政支收比分析，从1993年到2013年的21年间，西藏地方财政支出的90%由国家转移支付[33]。

二是西藏的新型城镇化是文化传承与旅游拉动型的城镇化。西藏丰富独特的高原生态旅游资源和民族文化旅游资源，吸引着世界各国游客前来观光。随着青藏铁路和拉日铁路等交通基础设施的建设和开通，每年到西藏旅游的游客正在以20%以上的速度增加。西藏推行新型城镇化在加强物质和非物质文化遗产保护、保持历史文化魅力和浓郁民族风情的同时，还要为日益增多的游客提供各种便捷的基础设施和公共服务设施，[33]促进现代文化与传统文化交相辉映，发展有历史记忆、文化脉络、地域风貌、民族特色的美丽城镇。[263]

总体而言，西藏的新型城镇化是投资拉动型的城镇化、文化传承与旅游拉动型的城镇化以及交通联动型的城镇化，是外力驱动型的城镇化。

4. 新型城镇化发展阶段的特殊性

由于受到历史、地理、经济发展水平、高原降效等因素的制约，西藏的城镇化一直处于低位发展状态，到2016年时为29.56%，比全国平均水平低27.79%。对于处在"世界屋脊"上的西藏来说，经典的城镇化发展阶段性规律并不适用，经典的经济发展阶段性规律也不适用。西藏处在城镇化的初期阶段和工业化中期经济发展阶段同"虚高度化"的产业结构、就业结构和"真实低下"的人均GDP等多指标交互作用的情境中，导致无法用正常的指标判断，更无法对比西藏所处的城镇化发展阶段和经济发展阶段，这就是西藏城镇化发展阶段的特殊性。

5. 新型城镇化发展格局的特殊性

由于大部分居民分散分布在广大农牧区，使得西藏不仅城镇化发展水平低，而且城镇数量小，城镇密度仅为1.2个/万平方千米，比全国平均城镇密度低19.5个/万平方千米，布局相当分散，间隔远，辐射带动能力弱。全区城镇化辐射带动作用不明显，城镇化地域差距大，小城镇发展不平衡；建设资金严重不足，城镇基础设施薄弱，服务功能欠缺。[244]

第 5 章　西藏农牧民家庭可持续生计资本和生计策略现状及影响因素分析

5.1　被调查农牧民及家庭基本情况

本研究调查方式选择入户进行问卷和访谈相结合的调查，入户调查共计发放 650 份问卷，回收 591 份。在进行问卷访谈调查时，有些被调查者对一些问题没有回答；也有一些问题（如跳转题等）农牧民要根据自己的实际情况来进行选择回答，也可以不回答。因此调查问卷的回答样本数会因问卷调查题目和内容不同而存在不同。被调查农牧民的基本情况如表 5.1 所示。

表 5.1　被调查农牧民的基本情况

变量特征	调查样本（人）	回答样本（人）	有效样本率（%）	详细内容	回答样本数（人）	选项占有效回答百分比（%）
性别	591	581	98.3	男	298	51.3
				女	283	48.7
年龄	591	566	95.8	21～25 岁	49	8.7
				26～30 岁	42	7.4
				31～35 岁	78	13.8
				36～40 岁	101	17.8
				41～45 岁	100	17.7
				46～50 岁	82	14.4
				51～55 岁	49	8.7
				56～60 岁	29	5.1
				61～65 岁	23	4.1
				66 岁及以上	13	2.3
民族	591	571	96.6	藏族	567	99.3
				汉族	3	0.5
				门巴族	1	0.2
				珞巴族	0	0

续表

变量特征	调查样本（人）	回答样本（人）	有效样本率(%)	详细内容	回答样本数（人）	选项占有效回答百分比(%)
民族	591	571	96.6	其他	0	0
被调查对象受教育程度	591	568	96.1	没上过学	294	51.8
				小学	167	29.4
				初中	55	9.7
				高中	24	4.2
				中专	3	0.5
				大专	4	0.7
				本科及以上	21	3.7
被调查对象汉语程度	591	559	94.6	不会说，不会写	266	47.6
				会说一点，但不能沟通，也不会写	156	27.9
				口语沟通没问题，但是不会写	43	7.7
				口语沟通没问题，只能写一点，用不上	30	5.4
				口语沟通和基本书写都没问题	64	11.4
被调查对象家庭人口数	591	588	99.5	1～3人	58	9.8
				4～6人	261	44.4
				7～9人	212	36.1
				10人及以上	57	9.7
被调查对象家庭残疾人口数	591	591	100	0人	545	92.2
				1人	42	7.2
				2人	2	0.3
				3人	0	0
				4人	0	0
				5人及以上	2	0.3
被调查对象家庭僧侣人口数	591	591	100	0人	544	92.1
				1人	41	6.9
				2人	3	0.5
				3人	3	0.5
				4人	0	0
				5人及以上	0	0

如表 5.1 所示，回收问卷中，在回答了性别的 581 份问卷中，被调查者为男性的占 51.3%，女性的占 48.7%；被调查农牧民年龄呈正态分布，且以 36~40 岁和 41~45 岁年龄段的居多，各占 566 份有效回答中的 17.8%和 17.7%。从性别上看，被调查者男女比例适中；从年龄上看，被调查者多为家庭的主要劳动力，对家庭的情况比较了解，是家庭的主要决策人，能代表家庭的主要观点。因为被调查地多为藏区的缘故，回答了民族的 571 份问卷中绝大多数为藏族(99.3%)，其次是汉族(0.5%)和门巴族(0.2%)。

在回答了自己受教育程度的 568 个农牧民中没上过学的占 51.8%，小学文化程度的占 29.4%，初中文化程度的占 9.7%，高中及以上的仅占 9.1%。调查结果显示被调查农牧民的受教育程度普遍较低，没上过学的占一半，而上过学的多以小学和初中为主，文化素质相对较低。可以看出，家庭主要劳动力和成员的自我学习技能和掌握新技术等的能力也会因此而受到影响。被调查对象家庭人口以 4~6 人最多，占 588 份有效回答问卷的 44.4%，其次是 7~9 人，占有效回答问卷的 36.1%，两者加起来占有效回答问卷的 80.5%，说明被调查农户家庭人口还是比较多的。591 份调查问卷都回答了家庭的残疾人口数和僧侣人口数，其中 92.2%和 92.1%的有效回答分别显示家中无残疾人和僧侣，说明被调查家庭人口中无劳动能力或不能参加家庭劳动的非劳动力人口或供养人口很少。

5.2 农牧民家庭生计策略类型及特征

5.2.1 不同生计策略类型的划分

由于收入是影响农牧民家庭生计策略选择的主要原因，本研究按被调查农牧民家庭各种生计活动收入占家庭总收入来源的比例来划分农牧民家庭生计策略类型，即依据收入来源于牧业、农业、副业及各种混合收入各占家庭总收入的比例将农户生计策略类型细分为 4 种：以牧业为主型、以农业为主型、以副业为主型和混合型。具体为：牧业收入占家庭总收入大于等于 60%的属于以牧业为主型；农业收入占家庭总收入大于等于 60%的属于以农业为主型；副业收入占家庭总收入大于等于 60%的属于以副业为主型；此外，由于有些农牧民家庭收入来源较分散，农牧副各业中均有，且没有集中来源于某一种生计活动，因此，将这种家庭的生计策略类型归类为混合型。

根据本研究对农牧民家庭生计策略类型的划分，并结合问卷数据分析可以得出表 5.2。由该表可知，以副业为主型和以农业为主型是被调查农牧民家庭最主要的生计策略类型，分别占有效样本的 38.3%和 27.7%；以牧业为主型和混合型分别占有效样本的 17.7%和 16.3%。以副业为主型的农户收入主要来源于运输、经商、打工、手工业、固定工资和临时工等收入，其总收入一般高于其他生计策略类型，但由于受政策和市场的影响，具有一定的不确定性，也面临着一定的生计风险。以农业为主型和以牧业为主型的生计策略相对单一，收入水平相对较低，因此生计风险也相对较高。

表 5.2 农牧民家庭各生计策略类型样本数

变量特征	调查样本(人)	回答样本(人)	有效样本率(%)	详细内容	回答样本数(人)	选项占有效回答百分比(%)
生计策略类型	591	577	97.6	以农业为主型	160	27.7
				以牧业为主型	102	17.7
				以副业为主型	221	38.3
				混合型	94	16.3

5.2.2 不同生计策略类型家庭的生计活动特征

被调查不同生计策略类型的农牧民家庭从事的生计活动存在差异，主要体现在农牧民家庭生计活动的安排、非农活动的引入及其组合，如表 5.3 所示。

表 5.3 不同生计类型家庭的生计活动

生计类型	种植	养殖	采集	副业	工资性收入	其他
以牧业为主型	-	+	-	-		
以农业为主型	+	-	+	-		
以副业为主型				+	+	
混合型	+	+		+	+	

注："+"表示主要生计活动；"-"表示次要/辅助生计活动。

本研究对不同生计策略类型农牧民家庭从事的生计活动的特征进行分类，主要以给其家庭带来收入的生计活动来进行。具体而言，种植包括粮食(青稞、豌豆、蔬菜、水果、油菜、牧草等)；养殖包括牛、羊、马、猪、鸡等，以及加工奶制品；采集包括野生药材和菌类小产品等，如藏药或山野珍品等；副业包括运输、经商、打工、手工业、临时工等，其中运输包括驮运、开拖拉机、开货车、开客车等，经商包括收购药材、收购山野珍品、皮毛、经营商品的批零等，打工包括全年工和零工，手工业包括藏毯、皮毛制品、藏族特色手工艺制品等；工资性收入是指有固定工作的家人的工资性收入。

以牧业为主型的主要生计活动就是畜牧养殖业，一般非农活动较少，有少量的种植、采集、副业等活动；以农业为主型的主要生计活动就是种植业和采集业，同时也有一些其他的生计活动，如养殖业和副业；以副业为主型的主要生计活动是副业和工资性收入；混合型的生计活动主要是种植业、养殖业、副业和工资性收入，有少量的采集业，生计活动具有多样性。结合以上 4 种生计策略类型家庭的生计活动特征和生计策略类型的划分，本研究将被调查者家庭的不同生计策略类型的分布情况进行了汇总，如表 5.4 所示。

表 5.4 被调查地区各类生计策略类型的样本分布一览表

调查地区/市	调查县域	调查乡镇	以农业为主	以牧业为主	以副业为主	混合型
拉萨市	达孜区	帮堆乡	25	1	3	1
	尼木县	帕古乡	19	12	6	3
	当雄县	龙仁乡	0	1	0	0
		公塘乡	0	23	8	6
日喀则市	谢通门县	娘热乡	0	0	1	0
		荣玛乡	0	0	29	1
	定结县	郭加乡	2	0	0	3
	白朗县	杜琼乡	1	0	2	0
		曲奴乡	0	1	23	3
	萨迦县	麻布加乡	0	0	0	2
		赛乡	0	0	1	1
		雄麦乡	2	1	5	4
		拉洛乡	1	1	17	3
	康马县	康如乡	3	15	2	9
	桑珠孜区	年木乡	1	0	0	0
		边雄乡	26	0	1	13
	江孜县	加克西乡	0	1	0	0
	拉孜县	查务乡	1	0	0	2
		曲下镇	6	0	32	16
	南木林县	艾玛乡	0	0	1	0
		土布加乡	16	5	19	6
		南木林镇	12	3	43	8
山南市	扎囊县	吉汝乡	21	0	2	0
林芝市	波密县	扎木镇	19	9	22	11
	工布江达县	加兴乡	5	23	1	0
那曲市	比如县	扎拉乡	0	6	3	2

5.3 西藏农牧民家庭可持续生计资本评价指标体系

5.3.1 可持续生计资本评价指标体系的构建

本研究是对西藏农牧民家庭可持续生计资本评价指标体系的构建,核心是基于生计资本理论和可持续生计分析框架,在参考了国内外众多相关学者的研究和少数民族地区可持续发展问题研究专家关于农牧民可持续生计资本与生计策略定量研究的基础上,[264]结合西藏新型城镇化对农牧民可持续生计的外力影响,以及西藏地域特征和农牧区生产生活的实际情况,通过咨询相关领域专家的指导和建议,对指标进行设计、选择和整理、调整,最后选取、确立、构建了用于本研究的西藏农牧民家庭可持续生计资本评价指标体系。本研究最终构建的可持续生计指标一共有 5 个一级指标和 17 个二级指标,每一个一级指标下设有二级指标,具体来说:一级指标的人力资本下设 3 个二级指标,分别是家庭整体劳动能力、成年劳动力受教育程度和家庭人员健康情况;一级指标的自然资本下设 3 个二级指标,分别是耕地面积、草场面积和森林面积;一级指标的物质资本下设 3 个二级指标,分别是牲畜数量、住房面积和类型以及生产交通资产;一级指标的金融资本下设 4 个二级指标,分别是家庭现金收入、家庭得到的国家补贴收入、家庭存款和家庭获得贷款的机会;一级指标的社会资本下设 4 个二级指标,分别是领导潜力、参加村组织、家庭困难时的求助对象和亲戚圈(表 5.5)。

表 5.5 西藏农牧民家庭可持续生计资本评价指标体系

一级指标	二级指标
人力资本	家庭整体劳动能力
	成年劳动力受教育程度
	家庭人员健康情况
自然资本	耕地面积
	草场面积
	森林面积
物质资本	牲畜数量
	住房面积和类型
	生产交通资产
金融资本	家庭现金收入
	家庭得到的国家补贴收入

续表

一级指标	二级指标
社会资本	家庭存款
	家庭获得贷款的机会
	领导潜力
	参加村组织
	家庭困难时的求助对象
	亲戚圈

5.3.2 基于 AHP 的可持续生计资本评价指标权重的确定

1. 明确评价指标层次[264]

本研究使用层次分析法来确定各项指标权重。层次分析法（Analytic Hierarchy Process，AHP）是将决策中有关的元素最终分解成各种目标、准则、方案等层次，并在此基础上进行定性和定量分析的一种决策方法。通过对各层次的分析进而导出对整个问题的分析，即总排序权重，根据所构建的农牧民家庭可持续生计资本评价指标体系，可以构造出指标重要性比较的判断矩阵。AHP 方法主要分 3 个步骤进行分析，即构造判断矩阵、层次单排序和层次总排序。层次分析方法确定权重有 4 种方法，分别是几何平均法、算术平均法、特征向量法和最小二乘法，本研究运用层次分析法确定权重时采用了特征向量法。

本研究建立的西藏农牧民家庭可持续生计资本的评价指标体系分为目标层、主准则层和次准则层。其中，农牧民家庭可持续生计资本评价为目标层；农牧民家庭的人力资本、自然资本、物质资本、金融资本和社会资本为主准则层；17 个指标为次准则层，如图 5.1 所示。

2. 构造判断矩阵

判断矩阵表示针对上一层次中的某项元素，评定该层次中各有关元素相对重要性程度的判断。本研究通过两两比较，根据权重打分对照得到判断矩阵，判断形式如表 5.6 所示；再根据相关的研究资料和专家评分标准，将不同层次的生计资本指标进行两两比较构造判断矩阵（表 5.7）[264]。

计算权重向量的步骤如下。

(1) 对生计资本矩阵按列进行归一化处理，得到新的判断矩阵 A' 如表 5.8 所示，其归一化公式为 $A' = a'_{ij} = \dfrac{a}{\sum\limits_{i=1}^{m} a_{ij}} (i,j=1,2,3,\cdots,m)$。

```
农牧民家庭可持续生计资本评价指标体系
├── 人力资本H
│   ├── 家庭整体劳动能力H1
│   ├── 家庭成年劳动力受教育程度H2
│   └── 家庭人员健康情况H3
├── 自然资本N
│   ├── 耕地面积N1
│   ├── 草场面积N2
│   └── 森林面积N3
├── 物质资本P
│   ├── 牲畜数量P1
│   ├── 住房面积和类型P2
│   └── 生产交通资产P3
├── 金融资本F
│   ├── 家庭现金收入F1
│   ├── 家庭得到的国家补贴收入F2
│   ├── 家庭存款F3
│   └── 家庭获得贷款的机会F4
└── 社会资本S
    ├── 领导潜力S1
    ├── 参加村组织S2
    ├── 家庭困难时的求助对象S3
    └── 亲戚圈S4
```

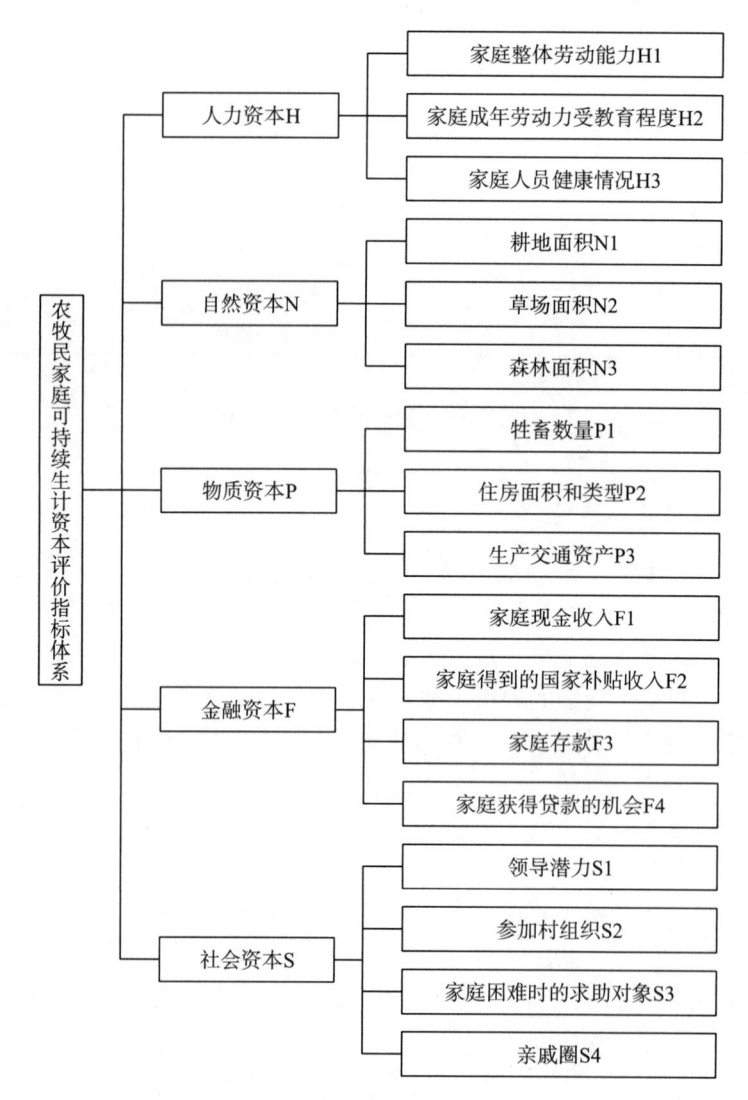

图 5.1 农牧民家庭可持续生计资本评价指标层次图

表 5.6 判断矩阵打分标准及其含义[264]

分值	含义
1	表示两项相比，具有同样重要性
3	表示两项相比，前项比后项稍微重要一点
5	表示两项相比，前项比后项重要得多
7	表示两项相比，前项比后项强烈重要
9	表示两项相比，前项比后项绝对重要
2、4、6、8	表示上述相邻判断的中间值
倒数	如果 i 项与 j 项相比重要性的值为 a_{ij}，则 j 项和 i 项相比重要性值为 $1/a_{ij}$

表 5.7　生计资本的判断矩阵 $A=(a_{ij})m\times n$

生计资本	H	N	P	F	S
H	1	4	5	3	8
N	1/4	1	3	3	3
P	1/5	1/3	1	1/4	3
F	1/3	1/3	4	1	4
S	1/8	1/3	1/3	1/4	1

表 5.8　对生计资本归一化矩阵 $A'=(a'_{ij})m\times n$

生计资本	H′	N′	P′	F′	S′
H′	0.5240	0.6667	0.3750	0.4000	0.4211
N′	0.1310	0.1667	0.2250	0.4000	0.1579
P′	0.1048	0.0556	0.0750	0.0333	0.1579
F′	0.1747	0.0556	0.3000	0.1333	0.2105
S′	0.0655	0.0556	0.0250	0.0333	0.0526

(2) 将归一化的矩阵按行进行求和计算,并对求和的数据进行归一化处理,得到向量 $w=(w_1,w_2,\cdots,w_m)$,并且 w_i 就是矩阵 A 的特征向量,其中 $w_i=\dfrac{\sum_{j=1}^{m}a'_{ij}}{m}(i,j=1,2,3,\cdots,m)$。

(3) 计算生计资本矩阵的最大特征根 $\lambda_{\max}=\sum_{i=1}^{m}\dfrac{(Aw)_i}{mw_i}$,$Aw$ 是矩阵 A 与特征向量 $w=(w_1,w_2,\cdots,w_m)$ 相乘。

(4) 进行一致性检验,检验系数为 $CR=\dfrac{CI}{RI}$,再通过前面的分析,我们知道如果判断矩阵 A 具有完全一致性时,$\lambda_{\max}=m$,但这在通常情况下是不可能的,为了检验判断矩阵的一致性,需要计算它的一致性指标 $CI=\dfrac{\lambda_{\max}-m}{m-1}$。当 $CI=0$ 时,判断矩阵具有完全一致性;反之,CI 表示判断矩阵的一致性较差。RI 是平均随机一致性指标(表 5.9),一般地,当 CR<0.10 时,就认为判断矩阵具有令人满意的一致性,w 就是相应的权重向量。[264]

表 5.9　平均随机一致性指标 RI[264]

矩阵阶数	1	2	3	4	5	6	7	8	9	10	11	12	13	14	15
RI	0	0	0.58	0.90	1.12	1.24	1.32	1.41	1.45	1.49	1.52	1.54	1.56	1.58	1.59

通过上述的计算步骤(1),得到归一化矩阵 A',将 A' 矩阵按行进行求和计算,并对求和的数据进行归一化处理,得到特征向量

$$w = (0.4774, 0.2161, 0.0853, 0.1748, 0.0464)$$

$$Aw = \begin{bmatrix} 1 & 4 & 5 & 3 & 8 \\ 1/4 & 1 & 3 & 3 & 3 \\ 1/5 & 1/3 & 1 & 1/4 & 3 \\ 1/3 & 1/3 & 4 & 1 & 4 \\ 1/8 & 1/3 & 1/3 & 1/4 & 1 \end{bmatrix} \begin{bmatrix} 0.4774 \\ 0.2161 \\ 0.0853 \\ 0.1748 \\ 0.0464 \end{bmatrix} = \begin{bmatrix} 2.6641 \\ 1.2551 \\ 0.4357 \\ 0.9328 \\ 0.2502 \end{bmatrix}$$

通过上述计算步骤(3)的计算公式得 $\lambda_{max} = 5.4447$。

对矩阵的一致性检验

$$CI = \frac{\lambda_{max} - m}{m - 1} = \frac{5.4447 - 5}{5 - 1} \approx 0.1112$$

通过平均随机一致性指标表查得 5 阶的矩阵 $RI = 1.12$,将其代入公式得

$$CR = \frac{CI}{RI} = \frac{0.1112}{1.12} \approx 0.0993 < 0.10$$

所以可持续生计资本构成的判断矩阵满足一致性检验。

根据计算结果,可以算出西藏农牧民家庭可持续生计资本评价体系模型中,人力资本 H、自然资本 N、物质资本 P、金融资本 F 和社会资本 S 的权重分别为 0.4774、0.2161、0.0853、0.1748 和 0.0464。其计算结果如表 5.10 所示。

表 5.10 可持续生计资本判断矩阵的权重结果和一致性检验

生计资本	权重	λ_{max}	CI	RI	CR
H	0.4774				
N	0.2161				
P	0.0853	5.4447	0.1112	1.12	0.0993
F	0.1748				
S	0.0464				

对于人力资本、自然资本、物质资本、金融资本和社会资本下的 17 个指标权重的确定,也是采取上述方法,分别构造判断矩阵、计算,并进行一致性检验。[264]计算结果如下。

(1)人力资本判断矩阵。人力资本判断矩阵如表 5.11 所示。

表 5.11 人力资本判断矩阵

人力资本	H1	H2	H3
H1	1	1/5	1/4
H2	5	1	1/2
H3	4	2	1

人力资本判断矩阵的权重结果和一致性检验如表 5.12 所示。

表 5.12　人力资本判断矩阵的权重结果和一致性检验

人力资本	权重	λ_{max}	CI	RI	CR
H1	0.1018				
H2	0.3661	3.0947	0.0474	0.58	0.0817
H3	0.5321				

(2) 自然资本判断矩阵。自然资本判断矩阵如表 5.13 所示。

表 5.13　自然资本判断矩阵

自然资本	N1	N2	N3
N1	1	2	7
N2	1/2	1	7
N3	1/7	1/7	1

自然资本判断矩阵的权重结果和一致性检验如表 5.14 所示。

表 5.14　自然资本判断矩阵的权重结果和一致性检验

自然资本	权重	λ_{max}	CI	RI	CR
N1	0.5706				
N2	0.3631	3.0541	0.0271	0.58	0.0467
N4	0.0664				

(3) 物质资本判断矩阵。物质资本判断矩阵如表 5.15 所示。

表 5.15　物质资本判断矩阵

物质资本	P1	P2	P3
P1	1	3	5
P2	1/3	1	3
P3	1/5	1/3	1

物质资本判断矩阵的权重结果和一致性检验如表 5.16 所示。

表 5.16　物质资本判断矩阵的权重结果和一致性检验

物质资本	权重	λ_{max}	CI	RI	CR
P1	0.6334				
P2	0.2605	3.0384	0.0192	0.58	0.0331
P3	0.1061				

(4) 金融资本判断矩阵。金融资本判断矩阵如表 5.17 所示。

表 5.17　金融资本判断矩阵

金融资本	F1	F2	F3	F4
F1	1	3	5	6
F2	1/3	1	5	5
F3	1/5	1/5	1	1/2
F4	1/6	1/5	2	1

金融资本判断矩阵的权重结果和一致性检验如表 5.18 所示。

表 5.18　金融资本判断矩阵的权重结果和一致性检验

金融资本	权重	λ_{max}	CI	RI	CR
F1	0.5337				
F2	0.3020	4.2131	0.071	0.90	0.0789
F3	0.0700				
F4	0.0943				

(5) 社会资本判断矩阵。社会资本判断矩阵如表 5.19 所示。

表 5.19　社会资本判断矩阵

社会资本	S1	S2	S3	S4
S1	1	3	1/6	1/4
S2	1/3	1	1/5	1/5
S3	6	5	1	3
S4	4	5	1/3	1

社会资本判断矩阵的权重结果和一致性检验如表 5.20 所示。

表 5.20　社会资本判断矩阵的权重结果和一致性检验

社会资本	权重	λ_{max}	CI	RI	CR
S1	0.1142				
S2	0.0658	4.2697	0.0899	0.90	0.0999
S3	0.5372				
S4	0.2827				

通过上述方法的一系列计算，可持续生计资本的二级指标中的 17 个指标均通过了一致性检验，可以得到不同层次指标的可持续生计资本指标的权重，其权重指标如表 5.21 所示。[264]

表 5.21 本研究用可持续生计资本指标体系权重及赋值

权重	生计测量指标	权重	指标含义及赋值
0.4774	家庭整体劳动能力 H1	0.1018	家庭拥有的劳动能力值的总和。非劳动力(0~10 岁儿童、残疾人、长期患病者、僧人)=0；半劳动力(11~14 岁儿童、15~17 岁少年、60 岁以上能从事部分劳动的老人)=0.5；全劳动力=1.0
	家庭成年劳动力受教育程度 H2	0.3661	家庭成年劳动力受教育程度的均值。文盲(初小)=0；小学=0.25；初中=0.5；高中或中专=0.75；大学及以上=1.0[265]
	家庭人员健康情况 H3	0.5321	家庭人员是否经常生病：是=0；否=1
0.2161	耕地面积 N1	0.5706	人均耕地面积
	草场面积 N2	0.3631	人均草场面积
	森林面积 N3	0.0664	人均林地面积
0.0853	牲畜数量 P1	0.6334	拥有的牲畜数量总和。牛=1.0；羊=0.8；马=0.6；猪=0.4；鸡、鸭=0.2；其他=0.1
	住房面积和类型 P2	0.2605	拥有的各类住房面积的总和。混凝土房=1.0×面积(间数)，砖瓦/砖木=0.75×面积(间数)，土木房=0.5×面积(间数)，帐篷=0.25×面积(间数)。8 间以上=1.0，7~8 间=0.8，5~6 间=0.6，3~4 间=0.4，1~2 间=0.2，0 间=1
	生产交通资产 P3	0.1061	农户拥有固定资产的选项数占所列选项的比例
0.1748	家庭现金收入 F1	0.5337	家庭年人均现金收入
	家庭得到的国家补贴收入 F2	0.3020	家庭年人均补贴收入
	家庭存款 F3	0.0700	家庭人均存款
	家庭获得贷款的机会 F4	0.0943	家庭是否得到各种政府优惠贷款：是=1，否=0
0.0464	领导潜力 S1	0.1142	有无在村或乡镇政府上班的人：有=1，无=0；参加村民会议次数：每次都参加=1.0，经常参加=0.75，有时参加=0.5，很少参加=0.25，基本上不参加=0；村民大会上提意见：总是提=1.0，经常提=0.75，有时会提=0.5，很少提=0.25，从来不提=0
	参加村组织 S2	0.0658	家庭人员有无参加除村委会以外的增收组织：有=1，无=0
	家庭困难时的求助对象 S3	0.5372	家庭经济困难时的求助对象：村委会的人=1，亲戚=0.6，朋友=0.2，主要靠自己=0；家庭生活和劳动生产遇到困难时的求助对象：村委会的人=1，亲戚=0.6，朋友=0.2，主要靠自己=0
	亲戚圈 S4	0.2827	所在村庄里的亲戚数量(按户算)

3. 生计指标的解释和赋值

(1)人力资本的测算。本研究主要参考了赵雪雁、李小云、马小倩、苏芳等学者关于可持续生计资本的研究和赋值方法,同时根据本研究区域的特殊情况,对相关指标进行了适当的修改和调整,从而达到更适合本区域农牧民家庭可持续生计资本评价的目的。[264]

本研究对人力资本的评价主要从家庭整体劳动能力、成年劳动力受教育程度和家庭人员健康情况来进行。对于家庭整体劳动能力,首先对劳动能力程度进行赋值,非劳动力(0~10 岁儿童、残疾人、长期患病者、僧人)=0;半劳动力(11~14 岁儿童、15~17 岁少年、60 岁以上能从事部分劳动的老人)=0.5;全劳动力=1.0,然后根据赋值结果与每户对应的劳动力程度类型的人数相乘,最后求和求出每户家庭整体劳动能力。对家庭成年劳动力受教育程度,首先对成年劳动力受教育程度进行赋值,文盲(初小)=0;小学=0.25;初中=0.5;高中或中专=0.75;大学及以上=1.0,[265]然后根据赋值结果与每户对应的成年劳动力受教育程度类型的人数相乘,最后求均值求出每户家庭成年劳动力受教育程度。对于家庭人员健康情况的测算设为二分变量,家庭人员经常生病就赋值为 0,家庭人员没有经常生病就赋值为 1。根据以上计算结果,对家庭整体劳动能力、成年劳动力受教育程度进行极差标准化。这样使得所有的值都在 0~1 之间(表 5.22~表 5.24)。

其公式为

$$Z_{ij} = \frac{X_{ij} - X_{ij\min}}{X_{ij\max} - X_{ij\min}} \tag{5.1}$$

式中,Z_{ij} 为该指标统计值的标准化结果;X_{ij} 为该指标统计值;$X_{ij\max}$ 为该指标统计值中的最大值;$X_{ij\min}$ 为最小值。

表 5.22 家庭整体劳动能力的标准化

家庭整体劳动能力	标准化
家庭整体劳动能力最大值 12.5	1
⋮	⋮
家庭整体劳动能力最小值 0	0

表 5.23 家庭成年劳动力受教育程度的标准化

家庭成年劳动力受教育程度	标准化
家庭成年劳动力受教育程度最大值 0.95	1
⋮	⋮
家庭成年劳动力受教育程度最小值 0	0

表 5.24　家庭人员健康情况的赋值

家庭人员健康情况	赋值
家庭人员经常生病	0
家庭人员没有经常生病	1

(2) 自然资本的测算。本研究对自然资本的评价主要从耕地面积、草场面积、森林面积来进行。西藏农牧民家庭是以农牧业生产为主，土地和草地是其最基本也是最重要的生产资料。农牧民家庭主要通过土地种植作物以及利用草场进行畜牧养殖来得到生产生活所需的资料和收入。本研究对自然资本的测算主要是对拥有的不同自然资本进行极差标准化。如表 5.25～表 5.27 所示，农牧民家庭耕地面积、草场面积和森林面积先按照人均化进行计算，然后对人均化后的自然资本指标进行标准化。[264]

表 5.25　耕地面积的标准化

耕地面积	标准化
人均耕地面积最大值 33.333 亩	1
⋮	⋮
人均耕地面积最小值 0 亩	0

表 5.26　草场面积的标准化

草场面积	标准化
人均草场面积最大值 867.500 亩	1
⋮	⋮
人均草场面积最小值 0 亩	0

注：本书中草场面积指标是一个连续的变量，由于有极少数农牧民家庭草场面积数量过大，为了方便计算，本研究已经对奇异值做了相关处理。[264]

表 5.27　森林面积的标准化

森林面积	标准化
人均森林面积最大值 5.000 亩	1
⋮	⋮
人均森林面积最小值 0 亩	0

(3) 物质资本的测算。对于不同农牧民家庭的物质资本的差异，本研究主要从家庭的牲畜数量、住房面积和类型、生产交通资产来进行评价。关于牲畜数

量，先对牲畜的类型进行赋值，牛=1.0；羊=0.8；马=0.6；猪=0.4；鸡、鸭=0.2；其他=0.1，然后根据赋值结果与对应类型的牲畜数量相乘，最后求和求出每户农牧民家庭牲畜数量的总和。本研究中关于住房面积和类型，先对房屋类型和间数分别赋值，混凝土房=1.0，砖瓦/砖木=0.75，土木房=0.5，帐篷=0.25；8间以上=1.0，7~8间=0.8，5~6间=0.6，3~4间=0.4，1~2间=0.2，0间=1。然后分别根据公式：混凝土房=1.0×面积(间数)，砖瓦/砖木=0.75×面积(间数)，土木房=0.5×面积(间数)，帐篷=0.25×面积(间数)计算，最后对每项进行相加求出该户的住房面积和类型。本研究涉及的生产交通资产包括农牧民家庭拥有的小型货车/面包车、卡车、小轿车、拖拉机、收割机、蔬菜大棚和重要生产工具等，通过求农牧民家庭拥有生产交通资产的选项数占生产交通资产总选项的比例来进行。根据上述的计算结果，参照式(5.1)，对家庭的牲畜数量、住房面积和类型、生产交通资产进行极差标准化(表 5.28~表 5.30)。

表 5.28　牲畜数量的标准化

牲畜数量	标准化
牲畜数量最大值 435.8	1
⋮	⋮
牲畜数量最小值 0	0

表 5.29　住房面积和类型的标准化

住房面积和类型	标准化
住房面积和类型最大值 18	1
⋮	⋮
住房面积和类型最小值 0	0

表 5.30　生产交通资产的标准化

生产交通资产	标准化
生产交通资产最大值 0.857	1
⋮	⋮
生产交通资产最小值 0	0

(4)金融资本的测算。本研究对金融资本的评价主要从家庭现金收入、家庭得到的国家补贴收入、家庭存款和家庭获得贷款的机会来进行。其中，对每户的家庭现金收入、家庭得到的国家补贴收入、家庭存款进行人均化后，即家庭年人均收入、家庭年人均补贴收入、家庭人均存款，再根据计算结果，对家庭现金收

入、家庭得到的国家补贴收入、家庭存款进行极差标准化(表 5.31~表 5.33)。对于家庭获得贷款机会的测算设为二分变量，家庭能得到各种政府优惠贷款赋值为 1，家庭不能得到各种政府优惠贷款赋值为 0，如表 5.34 所示。[264]

表 5.31 家庭现金收入的标准化

家庭现金收入	标准化
家庭年人均现金收入最大值 428714.286 元	1
⋮	⋮
家庭年人均现金收入最小值 0 元	0

表 5.32 家庭得到的国家补贴收入的标准化

家庭得到的国家补贴收入	标准化
家庭年人均补贴收入最大值 2750.000 元	1
⋮	⋮
家庭年人均补贴收入最小值 0 元	0

表 5.33 家庭存款的标准化

家庭存款	标准化
家庭年人均存款最大值 83333.000 元	1
⋮	⋮
家庭年人均存款最小值 0 元	0

表 5.34 家庭获得贷款的机会的赋值

家庭获得贷款的机会	赋值
家庭能得到各种政府优惠贷款	1
家庭不能得到各种政府优惠贷款	0

(5)社会资本的测算。由于社会资本具有的复杂性，本研究结合被调查区域特征，参考相关社会资本理论，选取了 4 个社会资本指标：领导潜力、参加村组织、家庭困难时的求助对象和亲戚圈。[264]

本研究设定的领导潜力包括 3 个因素：农牧民家庭中有无在村或乡镇政府上班的人、农牧民参加村民会议次数和农牧民是否总是在村民大会发表意见。首先，对于家中有无在村或乡镇政府上班的人进行赋值，有在村或乡镇政府上班的人就赋值为 1，没有就赋值为 0；对于农牧民参加村民会议次数进行赋值，每次都参加=1.0，经常参加=0.75，有时参加=0.5，很少参加=0.25，基本上不参加=0；对于农牧民在村民大会发表意见进行赋值，总是提=1.0，经常提=0.75，有时会提=0.5，很少提=0.25，从来不提=0。然后结合以上赋值对每户家庭领导潜力的 3 个因素进行求和平均。

对于参加村组织的测算设为二分变量，家庭参加了村经济增收组织就赋值为 1，没有参加就赋值为 0（表 5.36）。

对于家庭困难时求助对象的测算，主要包括两个因素：家庭经济困难时的求助对象、家庭生活和劳动生产遇到困难时的求助对象。首先对家庭经济困难时的求助对象分别进行赋值，即村委会的人=1，亲戚=0.6，朋友=0.2，主要靠自己=0；然后对家庭生活和劳动生产遇到困难时的求助对象分别进行赋值，即村委会的人=1，亲戚=0.6，朋友=0.2，主要靠自己=0；最后对家庭困难时的求助对象的以上这两个因素的值进行求和平均。

对于亲戚圈的测算，即每户所在村庄里的亲戚数量（按户算）。

根据以上计算结果，对领导潜力、家庭困难时的求助对象、亲戚圈进行极差标准化，如表 5.35、表 5.37 和表 5.38 所示。

表 5.35　领导潜力的标准化

领导潜力	标准化
领导潜力的最大值 1.000	1
⋮	⋮
领导潜力的最小值 0.000	0

表 5.36　参加村组织的赋值

参加村组织	赋值
家庭参加除村委会以外的增收组织	1
家庭没有参加除村委会以外的增收组织	0

表 5.37　家庭困难时的求助对象的标准化

家庭困难时的求助对象	标准化
家庭困难时的求助对象的最大值 1.000	1
⋮	⋮
家庭困难时的求助对象的最小值 0.000	0

表 5.38　亲戚圈的标准化

亲戚圈	标准化
所在村庄里的数量（按户算）的最大值 65 户	1
⋮	⋮
所在村庄里的数量（按户算）的最小值 0 户	0

5.4 可持续生计资本对生计策略类型影响的二元回归分析

5.4.1 二元回归分析模型设定及变量说明

二元 Logistic 回归模型是对被解释变量的二分类变量进行多元回归分析的有效模型。其中，Y 为被解释变量，类型编码用"1"和"0"表示。设 $Y=1$ 的概率为 p，则 $Y=0$ 的概率为 $1-p$。$X(X=X_1,X_2,\cdots,X_m)$ 为解释变量，$B(B=B_1,B_2,\cdots,B_m)$ 为偏回归系数，检验水准 $\alpha=0.05$。据此，建立二元 Logistic 回归方程

$$\text{Logit}(p)=\ln\left(\frac{p}{1-p}\right)=B_0+B_1X_1+B_2X_2+\cdots+B_mX_m \tag{5.2}$$

将其变形得

$$Y=\frac{\exp(B_0+B_1X_1+B_2X_2+\cdots+B_mX_m)}{1+\exp(B_0+B_1X_1+B_2X_2+\cdots+B_mX_m)} \tag{5.3}$$

本研究对于分析农牧民家庭可持续生计资本对其生计策略的影响，主要运用了 SPSS 22.0 和 Excel 软件。首先，运用 Excel 软件，筛选出以牧业为主型、以农业为主型、以副业为主型和混合型这四大不同生计策略类型的可持续生计资本（人力资本、自然资本、物质资本、金融资本和社会资本）的对应值；其次，在分析可持续生计资本对以牧业为主型生计策略类型的影响时，除以牧业为主型的生计策略类型赋值为 1 外，其他 3 种生计策略类型均赋值为 0；最后，把数值代入 SPSS 22.0 软件，进行 Logistic 二元回归分析，其中，以牧业为主型为因变量，可持续生计资本为协变量。按照此方法，可分别得出可持续生计资本对以农业为主型生计策略的影响、可持续生计资本对以副业为主型生计策略的影响和可持续生计资本对混合型生计策略的影响。具体结果如表 5.39～表 5.42 所示。

在表 5.39 中，被解释变量：$Y=1$，表明以牧业为主型的生计策略；$Y=0$，表明非以牧业为主型的生计策略。解释变量：人力资本 (X_1)，自然资本 (X_2)，物质资本 (X_3)，金融资本 (X_4)，社会资本 (X_5)。

在表 5.40 中，被解释变量：$Y=1$，表明以农业为主型的生计策略；$Y=0$，表明非以农业为主型的生计策略。解释变量：人力资本 (X_1)，自然资本 (X_2)，物质资本 (X_3)，金融资本 (X_4)，社会资本 (X_5)。

在表 5.41 中，被解释变量：$Y=1$，表明以副业为主型的生计策略；$Y=0$，表明非以副业为主型的生计策略。解释变量：人力资本 (X_1)，自然资本 (X_2)，物

质资本(X_3)，金融资本(X_4)，社会资本(X_5)。

在表 5.42 中，被解释变量：Y=1，表明混合型生计策略；Y=0，表明非混合型生计策略。解释变量：人力资本(X_1)，自然资本(X_2)，物质资本(X_3)，金融资本(X_4)，社会资本(X_5)。

5.4.2 二元回归分析的结果

根据分析结果可知（表 5.39），人力资本、自然资本和社会资本的显著性水平分别为 0.000、0.000 和 0.002，均小于 0.05，这说明人力资本、自然资本和社会资本对以牧业为主型的生计策略具有显著影响；而物质资本和金融资本的显著性水平分别为 0.651 和 0.193，均大于 0.05，这说明物质资本和金融资本对以牧业为主型的生计策略没有显著影响。具体来说，人力资本的增加会降低对以牧业为主型的生计策略类型的选择(B=-1.704)，回归系数为负，说明两者之间为负相关；自然资本的增加会增加以牧业为主型的生计策略的选择(B=9.597)，回归系数为正，说明两者之间为正相关；社会资本的增加会增加以牧业为主型的生计策略的选择(B=2.652)，回归系数为正，说明两者之间为正相关。

表 5.39　可持续生计资本对以牧业为主型的生计策略的影响

项目	B	S.E.	Wald	df	Sig	Exp(B)
人力资本	-1.704	0.462	13.603	1	0.000	0.182
自然资本	9.597	1.620	35.108	1	0.000	14726.426
物质资本	-0.548	1.212	0.204	1	0.651	0.578
金融资本	2.416	1.856	1.695	1	0.193	11.200
社会资本	2.652	0.864	9.429	1	0.002	14.188
常数	-2.504	0.470	28.394	1	0.000	0.082

注：表中 B 为回归系数，下文同。

根据分析结果可知（表 5.40），物质资本和金融资本的显著性水平分别为 0.000 和 0.016，均小于 0.05，这说明物质资本和金融资本对以农业为主型的生计策略具有显著影响；而人力资本、自然资本和社会资本的显著性水平分别为 0.087、0.871 和 0.854，均大于 0.05，这说明人力资本、自然资本和社会资本对以农业为主型的生计策略没有显著影响。具体来说，物质资本的增加会降低对以农业为主型的生计策略类型的选择(B=-5.224)，回归系数为负，说明两者之间为负相关；金融资本的增加会降低以农业为主型的生计策略的选择(B=-4.037)，回归系数为负，说明两者之间为负相关。

表 5.40　可持续生计资本对以农业为主型的生计策略的影响

项目	B	S.E.	Wald	df	Sig	Exp(B)
人力资本	0.705	0.411	2.937	1	0.087	2.024
自然资本	0.230	1.420	0.026	1	0.871	1.259
物质资本	−5.224	1.314	15.802	1	0.000	0.005
金融资本	−4.037	1.674	5.820	1	0.016	0.018
社会资本	0.120	0.653	0.034	1	0.854	1.128
常数	−0.439	0.394	1.241	1	0.265	0.645

根据分析结果可知(表 5.41)，自然资本的显著性水平为 0.000，小于 0.05，这说明自然资本对以副业为主型的生计策略具有显著影响；而人力资本、物质资本、金融资本和社会资本的显著性水平分别为 0.118、0.267、0.730 和 0.141，均大于 0.05，这说明人力资本、物质资本、金融资本和社会资本对以副业为主型的生计策略没有显著影响。具体来说，自然资本的增加会降低对以副业为主型生计策略类型的选择(B=−8.657)，回归系数为负，说明两者之间为负相关。

表 5.41　可持续生计资本对以副业为主型的生计策略的影响

项目	B	S.E.	Wald	df	Sig	Exp(B)
人力资本	0.585	0.374	2.447	1	0.118	1.795
自然资本	−8.657	1.881	21.180	1	0.000	0.000
物质资本	1.039	0.936	1.232	1	0.267	2.826
金融资本	0.509	1.475	0.119	1	0.730	1.664
社会资本	−0.906	0.616	2.167	1	0.141	0.404
常数	−0.166	0.355	0.218	1	0.640	0.847

根据分析结果可知(表 5.42)，物质资本的显著性水平为 0.000，小于 0.05，这说明物质资本对混合型生计策略具有显著影响；而人力资本、自然资本、金融资本和社会资本的显著性水平分别为 0.576、0.106、0.554 和 0.064，均大于 0.05，这说明人力资本、自然资本、金融资本和社会资本对混合型生计策略没有显著影响。具体来说，物质资本的增加会增加对混合型生计策略类型的选择(B=4.871)，回归系数为正，说明两者之间为正相关。

表 5.42　可持续生计资本对混合型生计策略的影响

项目	B	S.E.	Wald	df	Sig	Exp(B)
人力资本	−0.267	0.478	0.313	1	0.576	0.765
自然资本	−3.388	2.095	2.614	1	0.106	0.034

续表

项目	B	S.E.	Wald	df	Sig	Exp(B)
物质资本	4.871	1.068	20.793	1	0.000	130.479
金融资本	1.142	1.929	0.351	1	0.554	3.133
社会资本	−1.488	0.804	3.425	1	0.064	0.226
常数	−1.648	0.449	13.453	1	0.000	0.192

5.5 农牧民家庭可持续生计资本总指数

由本研究对生计策略类型的分类计算可知，以牧业为主型的有 102 户，以农业为主型的有 160 户，以副业为主型的有 221 户，混合型的有 94 户。本研究根据生计策略类型的划分结果，可计算各个生计策略类型的资本总指数。可持续生计资本总指数是由各个生计策略类型（以牧业为主型、以农业为主型、以副业为主型、混合型）下可持续生计资本乘以相应的权重后求和得到，可持续生计资本各自的指数由以下过程计算得出：人力资本指数是由人力资本下 3 个子指标标准化后，乘以相对应的权重相加得到的；自然资本指数是由自然资本下 3 个子指标标准化后，乘以相对应的权重相加得到的；物质资本指数是由物质资本下 3 个子指标标准化后，乘以相对应的权重相加得到的；金融资本指数是由金融资本下 4 个子指标标准化后，乘以相对应的权重相加得到的；社会资本指数是由社会资本下 4 个子指标标准化后，乘以相对应的权重相加得到的。

为了得到不同可持续生计资本的总指数，在以上计算结果的基础上将四大生计策略类型（以牧业为主型、以农业为主型、以副业为主型、混合型）的可持续生计资本分别求和，即人力资本总指数是四大生计策略类型的人力资本指数的和；自然资本总指数是四大生计策略类型的自然资本指数的和；物质资本总指数是四大生计策略类型的物质资本指数的和；金融资本总指数是四大生计策略类型的金融资本指数的和；社会资本总指数是四大生计策略类型的社会资本指数的和。具体结果如表 5.43 所示。

表 5.43 不同生计策略农牧民家庭的生计资本指数

生计策略	人力资本	自然资本	物质资本	金融资本	社会资本	资本总指数
以牧业为主型	0.1828	0.0257	0.0108	0.0159	0.0170	0.2522
以农业为主型	0.2575	0.0128	0.0088	0.0123	0.0154	0.3068
以副业为主型	0.2611	0.0099	0.0113	0.0140	0.0144	0.3107
混合型	0.2444	0.0140	0.0160	0.0139	0.0128	0.3011
各资本总指数	0.9458	0.0624	0.0469	0.0561	0.0596	—

由表 5.43 可以看出，四大生计策略类型中以副业为主的资本总指数最高，资本总指数为 0.3107；其次为以农业为主型和混合型，资本总指数分别为 0.3068 和 0.3011；以牧业为主型的资本总指数最低，资本总指数为 0.2522。从生计资本含量的可持续性来讲，由高到低分别为以副业为主型、以农业为主型、混合型和以牧业为主型，即以副业为主型的生计策略类型的生计可持续性最高，而以牧业为主型的生计策略类型的生计可持续性最低。

同时可知，不同生计策略类型的可持续生计资本总指数从大到小依次分别为人力资本总指数(0.9485)、自然资本总指数(0.0624)、社会资本总指数(0.0596)、金融资本总指数(0.0561)和物质资本总指数(0.0469)。

5.6 影响农牧民家庭生计策略的 Logistic 多元回归分析

5.6.1 Logistic 多元回归分析模型设定及变量说明[264]

依据可持续生计理论和学者们的研究结果，生计资本对生计策略类型有很大的影响。例如，拥有生计资本越多的农户，其生计策略可以选择的范围也越大，并能够在不同的生计策略中灵活转变以适应环境背景和增强保护其生计的能力。一般情况下，农户总是根据自己所拥有的优势资本类型来选择相应的生计策略，来实现生计目标，其成功生计的建立一般开始于对某种特殊资本的拥有，且各生计资本之间可以相互替代和转化。依据表 5.43 的数据分析结果可知，以牧业为主型的生计资本指数最低，以副业为主型的生计资本指数最高，结合该结果，进行了影响农牧民家庭生计策略的 Logistic 多元回归分析。

在本研究中，西藏农牧民家庭的生计策略为因变量，分为以牧业为主型生计策略、以农业为主型生计策略、以副业为主型生计策略和混合型生计策略 4 种，因此西藏农牧民家庭生计策略的选择是一个多分变量，且是无序性的。因而本研究关于生计资本与生计策略关系的研究主要是应用 SPSS 22.0 和 Excel 等相关软件，进行多分类 Logistic 回归分析。

Logistic 回归分析公式为

$$\ln\left[\frac{p(y=j|x)}{p(y=J|x)}\right] = a_j + \sum_{k=1}^{k} b_{jk} x_k \tag{5.4}$$

式中，y 为多分类响应变量；x 为解释变量。

概率 p 为

$$p = (y = j \mid x) = \frac{\exp\left(a_j + \sum_{k=1}^{k} b_{jk} x_k\right)}{1 + \exp\left(a_j + \sum_{k=1}^{k} b_{jk} x_k\right)} \tag{5.5}$$

本研究以西藏农牧民家庭的生计策略为因变量 y，即以牧业为主型生计策略、以农业为主型生计策略、以副业为主型生计策略和混合型生计策略因变量为反应变量。其中，以牧业为主型生计策略赋值为 1，以农业为主型生计策略赋值为 2，以副业为主型生计策略赋值为 3，混合型生计策略赋值为 4。自变量 x 为 5 类生计资本，即人力资本、自然资本、物质资本、金融资本和社会资本。本研究用生计资本的数值为前文生计资本评价分析的结果，且可持续生计资本的值都是连续变量，利用 SPSS 22.0 多项 Logistic 回归分析模块来完成分析，得到相关的数据分析结果。回归系数的正或负分别表示解释变量每增加一个单位时发生比会相应增加或减少，即具有正相关性或负相关性。

5.6.2　Logistic 多元回归分析的结果

根据以上模型设计和对变量的设定，通过筛选数据分析后得出结果如表 5.44～表 5.47 所示。

表 5.44　模型拟合信息(1)

模型	模型拟合条件	似然比检验		
	−2 对数似然	卡方	自由度	显著性
仅截距	1529.273			
最终	1386.549	142.724	15	0.000

根据模型拟合信息，显著性小于 0.0001，该模型具有显著影响意义。

表 5.45　生计资本因素多因素 Logistic 回归分析结果(1)

生计策略类型	项目	B	S.E.	Wald	Sig	Exp(B)
以农业为主型	截距	1.686	0.545	9.553	0.002	
	人力资本	1.886	0.539	12.228	0.000	6.596
	自然资本	−6.215	1.790	12.058	0.001	0.002
	物质资本	−4.297	1.699	6.397	0.011	0.014
	金融资本	−4.727	2.210	4.575	0.032	0.009
	社会资本	−2.076	0.960	4.673	0.031	0.125

续表

生计策略类型	项目	B	S.E.	Wald	Sig	Exp(B)
以副业为主型	截距	1.852	0.523	12.544	0.000	
	人力资本	1.790	0.517	11.965	0.001	5.989
	自然资本	−13.835	2.256	37.617	0.000	9.80E-07
	物质资本	1.167	1.450	0.648	0.421	3.213
	金融资本	−1.726	2.083	0.687	0.407	0.178
	社会资本	−2.890	0.950	9.249	0.002	0.056
混合型	截距	0.796	0.593	1.801	0.180	
	人力资本	1.170	0.601	3.792	0.051	3.223
	自然资本	−10.448	2.556	16.714	0.000	2.90E-05
	物质资本	4.147	1.496	7.679	0.006	63.229
	金融资本	−0.830	2.438	0.116	0.734	0.436
	社会资本	−3.534	1.095	10.413	0.001	0.029

结合表 5.45 的分析结果可得出以牧业为主型作为参照，以农业为主型作为因变量，可持续生计资本作为自变量的回归方程为

$$\ln\left[\frac{p(y=2|x)}{p(y=1|x)}\right]=1.686+1.886x_1-6.215x_2-4.297x_3-4.727x_4-2.076x_5 \quad (5.6)$$

从数据分析结果可以看出，人力资本、自然资本、物质资本、金融资本和社会资本的显著性水平分别为 0.000、0.001、0.011、0.032 和 0.031，均小于 0.05，通过显著性检验，说明人力资本、自然资本、物质资本、金融资本和社会资本对于农牧民家庭以农业为主型生计策略的选择有显著影响。具体来说，相对于以牧业为主型生计策略，人力资本的增加能显著增加以农业为主型生计策略的选择概率（B=1.886，Sig=0.000），回归系数为正，表明两者之间是正相关；自然资本的增加能够显著降低以农业为主型生计策略的选择概率（B=−6.215，Sig=0.001），回归系数为负，表明两者之间为负相关；物质资本的增加能够显著降低以农业为主型生计策略的选择概率（B=−4.297，Sig=0.011），回归系数为负，表明两者之间为负相关；金融资本的增加能够显著降低以农业为主型生计策略的选择概率（B=−4.727，Sig=0.032），回归系数为负，表明两者之间为负相关；社会资本的增加能够显著降低以农业为主型生计策略的选择概率（B=−2.076，Sig=0.031），回归系数为负，表明两者之间为负相关。

同上，以牧业为主型作为参照，以副业为主型作为因变量，可持续生计资本作为自变量的回归方程为

$$\ln\left[\frac{p(y=3|x)}{p(y=1|x)}\right]=1.852+1.790x_1-13.835x_2+1.167x_3-1.726x_4-2.890x_5 \quad (5.7)$$

从数据分析结果可以看出，人力资本、自然资本和社会资本的显著性水平分别为 0.001、0.000 和 0.002，均小于 0.05，通过显著性检验，这说明人力资本、自然资本和社会资本对于农牧民家庭以副业为主型生计策略的选择有显著影响；而物质资本和金融资本的显著性水平分别为 0.421、0.407，均大于 0.05，说明物质资本和金融资本对于农牧民家庭以副业为主型生计策略的选择没有显著影响。具体来说，相对于以牧业为主型生计策略，人力资本的增加能显著增加以副业为主型生计策略的选择概率(B=1.790，Sig=0.001)，表明两者之间为正相关；自然资本的增加能够显著降低以副业为主型生计策略的选择概率(B=-13.835，Sig=0.000)，表明两者之间为负相关；社会资本的增加能够显著降低以副业为主型生计策略的选择概率(B=-2.890，Sig=0.002)，表明两者之间为负相关。

同上，以以牧业为主型作为参照，以混合型作为因变量，可持续生计资本作为自变量的回归方程为

$$\ln\left[\frac{p(y=4|x)}{p(y=1|x)}\right]=0.796+1.170x_1-10.448x_2+4.147x_3-0.830x_4-3.534x_5 \quad (5.8)$$

从数据分析结果可以看出，自然资本、物质资本和社会资本的显著性水平分别为 0.000、0.006 和 0.001，均小于 0.05，说明自然资本、物质资本和社会资本对于农牧民家庭混合型生计策略的选择有显著影响；而人力资本和金融资本在混合型生计策略的显著性水平分别为 0.051 和 0.734，均大于 0.05，不能通过显著性检验，说明人力资本和金融资本对于混合型生计策略没有显著影响。具体来说，相对于以牧业为主型生计策略，自然资本的增加能够显著降低混合型生计策略的选择概率(B=-10.448，Sig=0.000)，说明两者之间为负相关；物质资本的增加能够显著增加混合型生计策略的选择概率(B=4.147，Sig=0.006)，说明两者之间为正相关；社会资本的增加能够显著降低混合型生计策略的选择概率(B=-3.534，Sig=0.001)，说明两者之间为负相关。

表 5.46　模型拟合信息(2)

模型	模型拟合条件 -2 对数似然	卡方	似然比检验 自由度	显著性
仅截距	1529.273			
最终	1386.549	142.724	15	0.000

根据模型拟合信息，显著性为 0.000，该模型具有显著影响意义。

表 5.47　生计资本因素多因素 Logistic 回归分析结果(2)

生计策略类型	项目	B	S.E.	Wald	Sig	Exp(B)
以牧业为主型	截距	-1.852	0.523	12.544	0.000	
	人力资本	-1.790	0.517	11.965	0.001	0.167
	自然资本	13.835	2.256	37.617	0.000	1020116.448
	物质资本	-1.167	1.450	0.648	0.421	0.311
	金融资本	1.726	2.083	0.687	0.407	5.620
	社会资本	2.890	0.950	9.249	0.002	17.988
以农业为主型	截距	-0.167	0.441	0.143	0.705	
	人力资本	0.096	0.464	0.043	0.835	1.101
	自然资本	7.620	2.230	11.678	0.001	2039.561
	物质资本	-5.464	1.467	13.880	0.000	0.004
	金融资本	-3.000	1.855	2.616	0.106	0.050
	社会资本	0.813	0.741	1.207	0.272	2.256
混合型	截距	-1.056	0.491	4.632	0.031	
	人力资本	-0.620	0.523	1.407	0.236	0.538
	自然资本	3.388	2.699	1.575	0.209	29.597
	物质资本	2.979	1.197	6.197	0.013	19.677
	金融资本	0.897	2.116	0.180	0.672	2.452
	社会资本	-0.644	0.878	0.538	0.463	0.525

以副业为主型作为参照，以牧业为主型作为因变量，可持续生计资本作为自变量，其回归方程为

$$\ln\left[\frac{p(y=1|x)}{p(y=3|x)}\right]=-1.852-1.790x_1+13.835x_2-1.167x_3+1.726x_4+2.890x_5 \quad (5.9)$$

从数据结果可以看出，人力资本、自然资本和社会资本在以牧业为主型的生计策略上有明显差异，这三项的显著性水平分别为 0.001、0.000 和 0.002，均小于 0.05，通过显著性检验，说明人力资本、自然资本和社会资本对于农牧民家庭以牧业为主型生计策略的选择有显著影响；而物质资本和金融资本的显著性水平分别为 0.421 和 0.407，均大于 0.05，不能通过显著性检验，说明物质资本和金融资本对以牧业为主型的生计策略没有显著影响。具体来说，相对于以副业为主型的生计策略，人力资本的增加能显著降低以牧业为主型生计策略的选择概率(B=-1.790，Sig=0.001)，回归系数为负，说明两者之间为负相关；自然资本的增加能够显著增加以牧业为主型生计策略的选择概率(B=13.835，Sig=0.000)，回归系数为正，说明两者之间为正相关。[264]社会资本的增加能够显著增加以牧业为

主型生计策略的选择概率($B=2.890$,Sig=0.002)。回归系数为正,说明两者之间为正相关。

以副业为主型作为参照,以农业为主型作为因变量,可持续生计资本作为自变量,其回归方程为

$$\ln\left[\frac{p(y=2|x)}{p(y=3|x)}\right]=-0.167+0.096x_1+7.620x_2-5.464x_3-3.000x_4+0.813x_5 \quad (5.10)$$

从数据结果可以看出,相对于以副业为主型的生计策略,自然资本和物质资本对以农业为主型的生计策略有明显差异,这两项的显著性水平分别为 0.001 和 0.000,均小于 0.05,通过显著性检验,说明自然资本和物质资本对于农牧民家庭以副业为主型生计策略的选择有显著影响;而人力资本、金融资本和社会资本的显著性水平分别为 0.835、0.106 和 0.272,均大于 0.05,不能通过显著性检验,说明人力资本、金融资本和社会资本对以农业为主型的生计策略没有显著影响。具体来说,相对于以副业为主型的生计策略,自然资本的增加能够显著增加以农业为主型生计策略的选择概率($B=7.620$,Sig=0.001),回归系数为正,表明两者之间为正相关;物质资本的增加能够显著增加以农业为主型生计策略的选择概率($B=-5.464$,Sig=0.000),回归系数为负,表明两者之间为负相关。[264]

以副业为主型作为参照,以混合型作为因变量,可持续生计资本作为自变量,其回归方程为

$$\ln\left[\frac{p(y=4|x)}{p(y=3|x)}\right]=-1.056-0.620x_1+3.388x_2+2.979x_3+0.897x_4-0.644x_5 \quad (5.11)$$

从数据结果可以看出,相对于以副业为主型生计策略,物质资本在混合型生计策略的显著性水平为 0.013,小于 0.05,通过显著性检验,说明物质资本对于农牧民家庭混合型生计策略的选择有显著影响;而人力资本、自然资本、金融资本和社会资本的显著性水平分别为 0.236、0.209、0.672 和 0.463,均大于 0.05,说明人力资本、自然资本、金融资本和社会资本对混合型生计策略没有明显的影响。具体来说,物质资本的增加能够显著增加混合型生计策略的选择概率($B=2.979$,Sig=0.013),回归系数为正,表明两者之间为正相关。

5.7 分析小结

1. 调查基本情况分析结果

被调查农牧民年龄呈正态分布,且以 36～40 岁和 41～45 岁年龄段的居多,从性别上看,被调查者男女比例适中;从年龄上看,被调查者多为家庭的主要劳

动力，对家庭的情况比较了解，是家庭的主要决策人，能代表家庭的主要观点。因为被调查地多为藏区的缘故，被调查者绝大多数为藏族(99.3%)。被调查农牧民的受教育程度普遍较低，没上过学的占一半，而上过学的多以小学和初中为主，文化素质相对较低。家庭主要劳动力和成员的自我学习技能和掌握新技术等的能力也会因此而受到影响。被调查农户家庭人口还是比较多的。被调查家庭人口中无劳动能力或不能参加家庭劳动的非劳动力人口或供养人口很少。

2. 农牧民家庭生计策略和特征的结果

本章按被调查农牧民家庭各种生计活动收入占家庭总收入来源的比重来将农牧民家庭生计策略类型细分为4种：以牧业为主型、以农业为主型、以副业为主型和混合型。具体为牧业收入占家庭总收入大于等于60%的属于以牧业为主型；农业收入占家庭总收入大于等于60%的属于以农业为主型；副业收入占家庭总收入大于等于60%的属于以副业为主型；此外，由于有些农牧民家庭收入来源较分散，农牧副各业中均有，且没有集中来源于某一种生计活动，因此将这种家庭的生计策略类型归类为混合型。以副业为主型和以农业为主型是被调查农牧民家庭最主要的生计策略类型，其次是以牧业为主型和混合型，分别占17.7%和16.3%。本研究对不同生计策略类型农牧民家庭从事的生计活动的特征进行总结分类，以牧业为主型的主要生计活动就是畜牧养殖业，一般非农活动较少，有少量的种植、采集、副业等活动；以农业为主型的主要生计活动就是种植业和采集业，同时也有一些其他的生计活动，如养殖业和副业；以副业为主型的主要生计活动是副业和工资性收入；混合型的生计活动主要是种植业、养殖业、副业和工资性收入，有少量的采集业，生计活动具有多样性。

3. 影响农牧民家庭生计策略类型的可持续生计资本二元回归分析结果

本章首先基于生计资本理论和可持续生计分析框架，结合西藏地域特征和农牧区生产生活实际情况，通过相关领域专家的指导和建议，构建了西藏农牧民家庭可持续生计资本评价指标体系，分为目标层、主准则层和次准则层。其中，农牧民家庭可持续生计资本评价为目标层；农牧民家庭的人力资本、自然资本、物质资本、金融资本和社会资本5种生计资本构成主准则层；最底层为由17个指标构成的次准则层，包括家庭整体劳动能力、家庭成年劳动力受教育程度、家庭人员健康情况、耕地面积、草场面积、森林面积、牲畜数量、住房面积和类型、生产交通资产、家庭现金收入、家庭得到的国家补贴收入、家庭存款、家庭获得贷款的机会、领导潜力、参加村组织、家庭困难时的求助对象和亲戚圈，并基于AHP分析对可持续生计资本评价指标权重进行了确定。结合以上，运用二元回归分析得出了可持续生计资本对生计策略类型的影响，结果显示如下：

(1)对以牧业为主型的生计策略类型来说，人力资本、自然资本和社会资本对以牧业为主型生计策略具有显著影响，且人力资本的增加会降低对以牧业为主型生计策略类型的选择；自然资本的增加会增加以牧业为主型生计策略的选择；社会资本的增加会增加以牧业为主型生计策略的选择，而物质资本和金融资本对以牧业为主型生计策略没有显著影响。

(2)对以农业为主型的生计策略类型来说，物质资本的增加会降低对以农业为主型生计策略类型的选择；金融资本的增加会降低以农业为主型生计策略的选择，此外，人力资本、自然资本和社会资本对以农业为主型生计策略没有显著影响。

(3)对以副业为主型的生计策略类型来说，自然资本的增加会降低对以副业为主型生计策略类型的选择，此外，人力资本、物质资本、金融资本和社会资本对以副业为主的生计策略没有显著影响。

(4)对混合型生计策略类型来说，物质资本对混合型生计策略具有显著影响，物质资本的增加会增加对副业型生计策略类型的选择，此外，人力资本、自然资本、金融资本和社会资本对混合型生计策略没有显著影响。

4. 可持续生计资本指数及影响农牧民家庭生计策略的多元回归分析结果

本章通过对以牧业为主型、以农业为主型、以副业为主型和混合型生计策略各自生计资本指数的计算得出，四大生计策略类型中以副业为主型的资本总指数最高，其次为以农业为主型和混合型，以牧业为主型的资本总指数最低。从生计资本含量的可持续性来讲，由高到低分别为以副业为主型、以农业为主型、混合型和以牧业为主型，即以副业为主的生计策略类型的生计可持续性最高，而以牧业为主的生计策略类型的生计可持续性最低，并且不同生计策略类型的可持续生计资本总指数从大到小依次分别为人力资本总指数、自然资本总指数、社会资本总指数、金融资本总指数和物质资本总指数，即人力资本总指数最高，物质资本总指数最低。

由于成功生计的建立一般开始于对某种特殊资本的拥有，生计资本之间可以相互替代和转化。由于以牧业为主型的生计资本指数最低，以副业为主型的生计资本指数最高，结合该结果，本研究进行了影响农牧民家庭生计策略影响因素的Logistic 多元回归分析，结果显示，当以牧业为主型生计策略为参照时：①人力资本、自然资本、物质资本、金融资本和社会资本对于农牧民家庭以农业为主型生计策略的选择有显著影响。相对于以牧业为主型生计策略，人力资本的增加能显著地增加以农业为主型生计策略的选择概率，自然资本的增加能够显著地降低以农业为主型生计策略的选择概率，物质资本的增加能够显著降低以农业为主型生计策略的选择概率，金融资本的增加能够显著降低以农业为主型生计策略的选择概率，社会资本的增加能够显著降低以农业为主型生计策略的选择概率。②人力资本、自然资本和社会资本对于农牧民家庭以副业为主型生计策略的选择有显著影响。相对于以牧业为主型生计策略，人力资本的增加能显著地增加以副业为主型生计策略的选择概率，自然资本的增加能够显著地降低以副业为主型生计策略的选择概率，社会资本的增加能够显著地降低以副业为主型生计策略的选择概率，物质资本和金融资本对于农牧民家庭以副业为主型生计策略的选择没有显著影响。③自然资本、物质资本和社会资本对于农牧民家庭混合型生计策略的选择有显著影响。相对于以牧业为主型的生计策略，自然资本的增加能够显著地降低混合型生计策略的选择概率，物质资本的增加能够显著地增加混合型生计策略的选择概率，社会资本的增加能够显著地降低混合型生计策略的选择概率，人力资本和金融资本对混合型生计策略没有明显的影响。

Logistic 多元回归分析结果显示，当以副业为主型生计策略为参照时：①人力资本、自然资本和社会资本对于农牧民家庭以牧业为主型生计策略的选择有显著影响。相对于以副业为主型的生计策略，人力资本的增加能显著地降低以牧业为主型生计策略的选择概率，自然资本的增加能够显著地增加以牧业为主型生计策略的选择概率，社会资本的增加能够显著地增加以牧业为主型生计策略的选择概率，此外，物质资本和金融资本对以牧业为主型生计策略没有显著影响。②自然资本和物质资本对于农牧民家庭以农业为主型生计策略的选择有显著影响。相对于以副业为主型生计策略，自然资本的增加能够显著地增加以农业为主型生计策略的选择概率，物质资本的增加能够显著地降低以农业为主型生计策略的选择概率，此外，人力资本、金融资本和社会资本对以农业为主型生计策略没有显著影响。③物质资本对于农牧民混合型生计策略的选择有显著影响。相对于以副业为主型生计策略，物质资本的增加能够显著地增加混合型生计策略的选择概率，人力资本、自然资本、金融资本和社会资本对混合型生计策略没有明显的影响。

第 6 章 西藏农牧民家庭可持续生计资本影响因子的分析

为了把握影响农牧民家庭生计策略的具体影响因素，本章通过对可持续生计策略评价指标体系中的 17 个指标对农牧民家庭生计策略的影响进行分析，并对不同生计策略类型农牧民家庭的生计资本的影响因子进行分析，希望找出具体影响因子，以及这些影响因子对农牧民家庭生计策略的具体影响，并结合分析结果，为农牧民家庭生计策略优化提出对策建议作为分析基础。

6.1 生计资本因子的统计特征分析

对于不同生计策略类型农牧民家庭的生计资本因子的统计特征分析，运用了 SPSS 22.0 和 Excel 软件。对于生计资本因子的统计特征中均值和标准差的计算，首先运用了 Excel 软件，分别筛选出四大生计策略类型(以牧业为主型、以农业为主型、以副业为主型和混合型)的 17 个指标(家庭整体劳动能力 H1、家庭成年劳动力受教育程度 H2、家庭人员健康情况 H3、耕地面积 N1、草场面积 N2、森林面积 N3、牲畜数量 P1、住房面积和类型 P2、生产交通资产 P3、家庭现金收入 F1、家庭得到的国家补贴收入 F2、家庭存款 F3、家庭获得贷款的机会 F4、领导潜力 S1、参加村组织 S2、家庭困难时的求助对象 S3 和亲戚圈 S4)的标准值；然后根据筛选结果建立 4 个 Excel 表格，即以牧业为主型生计资本因子的统计特征、以农业为主型生计资本因子的统计特征、以副业为主型生计资本因子的统计特征和混合型生计资本因子的统计特征；最后将建立的 4 个 Excel 表格分别代入 SPSS 22.0 软件进行描述统计分析，其中 17 个指标为变量。

对于生计资本因子的统计特征中 F 统计值和显著性的计算，在 SPSS 22.0 中操作进行，以生计资本(策略)类型为因子，即以牧业为主型、以农业为主型、以副业为主型、混合型为因子，17 个指标分别为因变量，对其进行单因素方差分析，得出 F 统计值和显著性水平，如表 6.1 所示。

表 6.1 生计资本因子的统计特征

资本因子	以牧业为主型 (n=102)	以农业为主型 (n=160)	以副业为主型 (n=221)	混合型 (n=94)	总体样本 (n=577)	F统计值	显著性
家庭整体劳动能力 H1	0.34±0.15	0.34±0.17	0.39±0.17	0.43±0.20	0.37±0.18	6.778***	0.000
家庭成年劳动力受教育程度 H2	0.25±0.14	0.27±0.16	0.25±0.19	0.24±0.17	0.26±0.17	0.542	0.654
家庭人员健康情况 H3	0.48±0.50	0.76±0.43	0.78±0.42	0.71±0.45	0.71±0.45	11.700***	0.000
耕地面积 N1	0.11±0.17	0.08±0.08	0.06±0.06	0.08±0.07	0.08±0.10	5.596***	0.001
草场面积 N2	0.15±0.23	0.03±0.12	0.03±0.07	0.05±0.12	0.05±0.14	23.264***	0.000
森林面积 N3	0.03±0.12	0.02±0.06	0.01±0.03	0.01±0.07	0.02±0.07	1.530	0.206
牲畜数量 P1	0.09±0.09	0.02±0.07	0.06±0.11	0.11±0.20	0.06±0.12	13.301***	0.000
住房面积和类型 P2	0.17±0.20	0.22±0.22	0.23±0.18	0.31±0.23	0.23±0.21	8.405***	0.000
生产交通资产 P3	0.26±0.21	0.30±0.23	0.29±0.18	0.34±0.17	0.30±0.20	2.798**	0.039
家庭现金收入 F1	0.01±0.03	0.01±0.02	0.02±0.07	0.01±0.01	0.01±0.05	0.815	0.486
家庭得到的国家补贴收入 F2	0.11±0.11	0.07±0.10	0.06±0.07	0.06±0.11	0.07±0.10	6.966***	0.000
家庭存款 F3	0.01±0.03	0.03±0.09	0.02±0.04	0.02±0.02	0.02±0.06	2.051	0.106
家庭获得贷款的机会 F4	0.56±0.50	0.44±0.50	0.55±0.50	0.55±0.50	0.52±0.50	2.029	0.109
领导潜力 S1	0.45±0.21	0.43±0.21	0.45±0.22	0.46±0.22	0.45±0.21	0.754	0.520
参加村组织 S2	0.01±0.10	0.04±0.21	0.06±0.24	0.10±0.30	0.05±0.22	2.605*	0.051
家庭困难时的求助对象 S3	0.54±0.28	0.49±0.26	0.43±0.27	0.36±0.28	0.46±0.28	8.758***	0.000
亲戚圈 S4	0.08±0.06	0.07±0.06	0.08±0.11	0.07±0.07	0.08±0.09	1.127	0.337

注：表中结果为均值±标准差；"*""**""***"分别代表在 0.1、0.05、0.01 水平下显著。

根据表 6.1 可知，家庭整体劳动能力、家庭人员健康情况、耕地面积、草场面积、牲畜数量、住房面积和类型、生产交通资产、家庭得到的国家补贴收入、参加村组织和家庭困难时的求助对象显著性水平分别为 0.000、0.000、0.001、0.000、0.000、0.000、0.039、0.000、0.051 和 0.000。说明家庭整体劳动能力、家庭人员健康情况、耕地面积、草场面积、牲畜数量、住房面积和类型、生产交通资产、家庭得到的国家补贴收入、参加村组织和家庭困难时的求助对象 10 个因子的差异显著。

6.2 不同生计策略类型的生计资本影响因子的分析

本研究对不同生计策略类型影响因子的分析主要是运用二元 Logistic 回归模型。其中，Y 为被解释变量，类型编码用"1"和"0"表示。设 $Y=1$ 的概率为 P，则 $Y=0$ 的概率为 $1-P$。$X(X=X_1,X_2,\cdots,X_m)$ 为解释变量，$B=(B=B_1,B_2,\cdots,B_m)$ 为偏回归系数，检验水准 $\alpha=0.05$。据此，建立二元 Logistic 回归方程

$$\text{Logit}(P) = \ln\left(\frac{p}{1-p}\right) = B_0 + B_1X_1 + B_2X_2 + \cdots + B_mX_m \tag{6.1}$$

将其变形得

$$Y = \frac{\text{Exp}(B_0 + B_1X_1 + B_2X_2 + \cdots + B_mX_m)}{1 + \text{Exp}(B_0 + B_1X_1 + B_2X_2 + \cdots + B_mX_m)} \tag{6.2}$$

对于每一个生计策略类型的具体影响因子，运用了 SPSS 22.0 和 Excel 软件进行分析。运用 Excel 软件筛选出以牧业为主型、以农业为主型、以副业为主型和混合型的 17 个指标(家庭整体劳动能力 H1、家庭成年劳动力受教育程度 H2、家庭人员健康情况 H3、耕地面积 N1、草场面积 N2、森林面积 N3、牲畜数量 P1、住房面积和类型 P2、生产交通资产 P3、家庭现金收入 F1、家庭得到的国家补贴收入 F2、家庭存款 F3、家庭获得贷款的机会 F4、领导潜力 S1、参加村组织 S2、家庭困难时的求助对象 S3 和亲戚圈 S4)的标准值。

在分析以牧业为主型生计策略类型的具体影响因子时，除了以牧业为主型生计策略赋值为 1 外，其他 3 种生计策略均赋值为 0，然后把数值代入 SPSS 22.0 软件，进行 Logistic 二元回归分析。其中，以牧业为主型为因变量，以 17 个指标的标准值为协变量。按照此方法，可分别得出以农业为主型生计策略类型的具体影响因子、以副业为主型生计策略类型的具体影响因子和混合型生计策略类型的具体影响因子。具体结果如表 6.2～表 6.5 所示。

6.2.1 以牧业为主型的生计资本影响因子的分析

在表 6.2 中，被解释变量：$Y=1$，表明以牧业为主型生计策略；$Y=0$，表明非以牧业为主型生计策略。解释变量：家庭整体劳动能力 H1(X_1)、家庭成年劳动力受教育程度 H2(X_2)、家庭人员健康情况 H3(X_3)、耕地面积 N1(X_4)、草场面积 N2(X_5)、森林面积 N3(X_6)、牲畜数量 P1(X_7)、住房面积和类型 P2(X_8)、生产交通资产 P3(X_9)、家庭现金收入 F1(X_{10})、家庭得到的国家补贴收入

F2(X_{11})、家庭存款 F3(X_{12})、家庭获得贷款的机会 F4(X_{13})、领导潜力 S1(X_{14})、参加村组织 S2(X_{15})、家庭困难时的求助对象 S3(X_{16})和亲戚圈 S4(X_{17})。具体结果如表 6.2 所示。

表 6.2 以牧业为主型具体生计资本影响因子的分析

项目	B	S.E.	Wald	df	Sig	Exp(B)
家庭整体劳动能力 H1	−0.497	0.835	0.355	1	0.551	0.608
家庭成年劳动力受教育程度 H2	0.813	0.774	1.104	1	0.293	2.254
家庭人员健康情况 H3	−0.981	0.266	13.601	1	0.000	0.375
耕地面积 N1	4.126	1.391	8.800	1	0.003	61.939
草场面积 N2	4.840	1.003	23.271	1	0.000	126.426
森林面积 N3	2.320	2.245	1.068	1	0.301	10.175
牲畜数量 P1	1.725	1.112	2.407	1	0.121	5.614
住房面积和类型 P2	−1.058	0.729	2.107	1	0.147	0.347
生产交通资产 P3	−0.123	0.771	0.025	1	0.873	0.884
家庭现金收入 F1	−7.831	12.788	0.375	1	0.540	0.000
家庭得到的国家补贴收入 F2	−0.504	1.392	0.131	1	0.717	0.604
家庭存款 F3	−8.873	5.889	2.270	1	0.132	0.000
家庭获得贷款的机会 F4	0.503	0.274	3.371	1	0.066	1.654
领导潜力 S1	−0.038	0.618	0.004	1	0.951	0.963
参加村组织 S2	−1.336	1.051	1.616	1	0.204	0.263
家庭困难时的求助对象 S3	1.522	0.526	8.365	1	0.004	4.582
亲戚圈 S4	−0.072	1.589	0.002	1	0.964	0.930
常数	−2.250	0.641	12.315	1	0.000	0.105

根据表 6.2 可知，家庭人员健康情况 H3 的增加会显著降低对以牧业为主型生计策略类型的选择(B=−0.981)，回归系数为负，体现了两者的负相关；耕地面积 N1 的增加会显著增加以牧业为主型生计策略的选择(B=4.126)，回归系数为正，体现了两者的正相关；草场面积 N2 的增加会显著增加以牧业为主型生计策略的选择(B=4.840)，回归系数为正，体现了两者的正相关；家庭困难时的求助对象 S3 的增加会显著增加以牧业为主型生计策略的选择(B=1.522)，回归系数为正，体现了两者的正相关。家庭人员健康情况 H3、耕地面积 N1、草场面积 N2 和家庭困难时的求助对象 S3 的显著性水平分别为 0.000、0.003、0.000 和 0.004，均小于 0.05，说明家庭人员健康情况 H3、耕地面积 N1、草场面积 N2 和家庭困难时的求助对象 S3 对以牧业为主型生计策略具有显著影响。家庭整体劳动能力 H1、家庭成年劳动力受教育程度 H2、森林面积 N3、牲畜数量 P1、住房

面积和类型 P2、生产交通资产 P3、家庭现金收入 F1、家庭得到的国家补贴收入 F2、家庭存款 F3、家庭获得贷款的机会 F4、领导潜力 S1、参加村组织 S2 和亲戚圈 S4 的显著性水平分别为 0.551、0.293、0.301、0.121、0.147、0.873、0.540、0.717、0.132、0.066、0.951、0.204 和 0.964，均大于 0.05，说明家庭整体劳动能力 H1、家庭成年劳动力受教育程度 H2、森林面积 N3、牲畜数量 P1、住房面积和类型 P2、生产交通资产 P3、家庭现金收入 F1、家庭得到的国家补贴收入 F2、家庭存款 F3、家庭获得贷款的机会 F4、领导潜力 S1、参加村组织 S2 和亲戚圈 S4 对以牧业为主型的生计策略无显著影响。

6.2.2 以农业为主型的生计资本影响因子的分析

在表 6.3 中，被解释变量：$Y=1$，表明以农业为主型的生计策略；$Y=0$，表明非以农业为主型的生计策略。解释变量：家庭整体劳动能力 H1(X_1)、家庭成年劳动力受教育程度 H2(X_2)、家庭人员健康情况 H3(X_3)、耕地面积 N1(X_4)、草场面积 N2(X_5)、森林面积 N3(X_6)、牲畜数量 P1(X_7)、住房面积和类型 P2(X_8)、生产交通资产 P3(X_9)、家庭现金收入 F1(X_{10})、家庭得到的国家补贴收入 F2(X_{11})、家庭存款 F3(X_{12})、家庭获得贷款的机会 F4(X_{13})、领导潜力 S1(X_{14})、参加村组织 S2(X_{15})、家庭困难时的求助对象 S3(X_{16}) 和亲戚圈 S4(X_{17})。

表 6.3 以农业为主型具体生计资本影响因子的分析

项目	B	S.E.	Wald	df	Sig	Exp(B)
家庭整体劳动能力 H1	-0.847	0.685	1.527	1	0.217	0.429
家庭成年劳动力受教育程度 H2	0.232	0.591	0.154	1	0.695	1.261
家庭人员健康情况 H3	0.367	0.238	2.372	1	0.124	1.443
耕地面积 N1	1.601	1.178	1.847	1	0.174	4.956
草场面积 N2	-0.786	1.051	0.560	1	0.454	0.456
森林面积 N3	-0.029	1.462	0.000	1	0.984	0.971
牲畜数量 P1	-12.241	2.742	19.933	1	0.000	0.000
住房面积和类型 P2	0.482	0.567	0.724	1	0.395	1.620
生产交通资产 P3	0.065	0.564	0.013	1	0.908	1.067
家庭现金收入 F1	-7.927	6.390	1.539	1	0.215	0.000
家庭得到的国家补贴收入 F2	0.031	1.226	0.001	1	0.980	1.031
家庭存款 F3	4.834	2.983	2.626	1	0.105	125.686
家庭获得贷款的机会 F4	-0.455	0.212	4.616	1	0.032	0.634

续表

项目	B	S.E.	Wald	df	Sig	Exp(B)
领导潜力 S1	-0.767	0.502	2.334	1	0.127	0.464
参加村组织 S2	-0.207	0.503	0.170	1	0.680	0.813
家庭困难时的求助对象 S3	0.391	0.409	0.913	1	0.339	1.478
亲戚圈 S4	-2.502	1.375	3.311	1	0.069	0.082
常数	-0.135	0.521	0.067	1	0.795	0.874

根据表 6.3 可知，牲畜数量 P1 的增加会显著降低对以农业为主型生计策略类型的选择(B=-12.241)，回归系数为负，体现了两者的负相关；家庭获得贷款的机会 F4 的增加会显著降低以农业为主型生计策略的选择(B=-0.455)，回归系数为负，体现了两者的负相关。牲畜数量 P1 和家庭获得贷款的机会 F4 的显著性水平分别为 0.000 和 0.032，均小于 0.05，说明牲畜数量 P1 和家庭获得贷款的机会 F4 对以农业为主型生计策略具有显著影响。家庭整体劳动能力 H1、家庭成年劳动力受教育程度 H2、家庭人员健康情况 H3、耕地面积 N1、草场面积 N2、森林面积 N3、住房面积和类型 P2、生产交通资产 P3、家庭现金收入 F1、家庭得到的国家补贴收入 F2、家庭存款 F3、领导潜力 S1、参加村组织 S2、家庭困难时的求助对象 S3 和亲戚圈 S4 的显著性水平分别为 0.217、0.695、0.124、0.174、0.454、0.984、0.395、0.908、0.215、0.980、0.105、0.127、0.680、0.339 和 0.069，均大于 0.05，说明家庭整体劳动能力 H1、家庭成年劳动力受教育程度 H2、家庭人员健康情况 H3、耕地面积 N1、草场面积 N2、森林面积 N3、住房面积和类型 P2、生产交通资产 P3、家庭现金收入 F1、家庭得到的国家补贴收入 F2、家庭存款 F3、领导潜力 S1、参加村组织 S2、家庭困难时的求助对象 S3 和亲戚圈 S4 对以农业为主型的生计策略没有显著影响。

6.2.3 以副业为主型的生计资本影响因子的分析

在表 6.4 中，被解释变量：$Y=1$，表明以副业为主型的生计策略；$Y=0$，表明非以副业为主型的生计策略。解释变量：家庭整体劳动能力 H1(X_1)、家庭成年劳动力受教育程度 H2(X_2)、家庭人员健康情况 H3(X_3)、耕地面积 N1(X_4)、草场面积 N2(X_5)、森林面积 N3(X_6)、牲畜数量 P1(X_7)、住房面积和类型 P2(X_8)、生产交通资产 P3(X_9)、家庭现金收入 F1(X_{10})、家庭得到的国家补贴收入 F2(X_{11})、家庭存款 F3(X_{12})、家庭获得贷款的机会 F4(X_{13})、领导潜力 S1(X_{14})、参加村组织 S2(X_{15})、家庭困难时的求助对象 S3(X_{16}) 和亲戚圈 S4(X_{17})。

表 6.4 以副业为主型具体生计资本影响因子的分析

项目	B	S.E.	Wald	df	Sig	Exp(B)
家庭整体劳动能力 H1	0.628	0.595	1.112	1	0.292	1.873
家庭成年劳动力受教育程度 H2	-0.402	0.551	0.533	1	0.465	0.669
家庭人员健康情况 H3	0.352	0.213	2.724	1	0.099	1.422
耕地面积 N1	-4.163	1.428	8.502	1	0.004	0.016
草场面积 N2	-3.717	1.128	10.849	1	0.001	0.024
森林面积 N3	-3.608	2.173	2.757	1	0.097	0.027
牲畜数量 P1	0.707	0.915	0.597	1	0.440	2.028
住房面积和类型 P2	-0.537	0.511	1.105	1	0.293	0.584
生产交通资产 P3	-0.262	0.525	0.250	1	0.617	0.769
家庭现金收入 F1	4.937	4.530	1.188	1	0.276	139.284
家庭得到的国家补贴收入 F2	-0.383	1.264	0.092	1	0.762	0.682
家庭存款 F3	0.005	1.900	0.000	1	0.998	1.005
家庭获得贷款的机会 F4	-0.010	0.190	0.003	1	0.956	0.990
领导潜力 S1	0.542	0.440	1.513	1	0.219	1.719
参加村组织 S2	0.100	0.411	0.059	1	0.808	1.105
家庭困难时的求助对象 S3	-0.745	0.363	4.224	1	0.040	0.475
亲戚圈 S4	1.892	1.092	2.999	1	0.083	6.633
常数	-0.287	0.463	0.384	1	0.536	0.750

根据表 6.4 可知，耕地面积 N1 的增加会显著地降低对以副业为主型生计策略类型的选择（B=-4.163），回归系数为负，体现了两者的负相关；草场面积 N2 的增加会显著地降低以副业为主型生计策略的选择（B=-3.717），回归系数为负，体现了两者的负相关；家庭困难时的求助对象 S3 的增加会显著地降低以副业为主型生计策略的选择（B=-0.745），回归系数为负，体现了两者的负相关。耕地面积 N1、草场面积 N2 和家庭困难时的求助对象 S3 的显著性水平分别为 0.004、0.001 和 0.040，均小于 0.05，这说明耕地面积 N1、草场面积 N2 和家庭困难时的求助对象 S3 对以副业为主型生计策略具有显著影响。家庭整体劳动能力 H1、家庭成年劳动力受教育程度 H2、家庭人员健康情况 H3、森林面积 N3、牲畜数量 P1、住房面积和类型 P2、生产交通资产 P3、家庭现金收入 F1、家庭得到的国家补贴收入 F2、家庭存款 F3、家庭获得贷款的机会 F4、领导潜力 S1、参加村组织 S2 和亲戚圈 S4 的显著性水平分别为 0.292、0.465、0.099、0.097、0.440、0.293、0.617、0.276、0.762、0.998、0.956、0.219、0.808 和 0.083，均大于 0.05，这说明家庭整体劳动能力 H1、家庭成年劳动力受教育程度 H2、家庭人

员健康情况 H3、森林面积 N3、牲畜数量 P1、住房面积和类型 P2、生产交通资产 P3、家庭现金收入 F1、家庭得到的国家补贴收入 F2、家庭存款 F3、家庭获得贷款的机会 F4、领导潜力 S1、参加村组织 S2 和亲戚圈 S4 对以副业为主型的生计策略没有显著影响。

6.2.4 混合型生计资本影响因子的分析

在表 6.5 中，被解释变量：$Y=1$，表明混合型生计策略；$Y=0$，表明非混合型生计策略。解释变量：家庭整体劳动能力 H1(X_1)、家庭成年劳动力受教育程度 H2(X_2)、家庭人员健康情况 H3(X_3)、耕地面积 N1(X_4)、草场面积 N2(X_5)、森林面积 N3(X_6)、牲畜数量 P1(X_7)、住房面积和类型 P2(X_8)、生产交通资产 P3(X_9)、家庭现金收入 F1(X_{10})、家庭得到的国家补贴收入 F2(X_{11})、家庭存款 F3(X_{12})、家庭获得贷款的机会 F4(X_{13})、领导潜力 S1(X_{14})、参加村组织 S2(X_{15})、家庭困难时的求助对象 S3(X_{16})和亲戚圈 S4(X_{17})。

表 6.5 混合型具体生计资本影响因子的分析

项目	B	S.E.	Wald	df	Sig	Exp(B)
家庭整体劳动能力 H1	0.240	0.747	0.103	1	0.748	1.271
家庭成年劳动力受教育程度 H2	-0.330	0.746	0.196	1	0.658	0.719
家庭人员健康情况 H3	-0.163	0.270	0.366	1	0.545	0.849
耕地面积 N1	-1.672	1.640	1.040	1	0.308	0.188
草场面积 N2	-1.045	1.184	0.778	1	0.378	0.352
森林面积 N3	0.537	1.958	0.075	1	0.784	1.711
牲畜数量 P1	2.426	0.960	6.386	1	0.012	11.309
住房面积和类型 P2	1.622	0.605	7.201	1	0.007	5.064
生产交通资产 P3	0.957	0.702	1.860	1	0.173	2.605
家庭现金收入 F1	-0.490	3.017	0.026	1	0.871	0.612
家庭得到的国家补贴收入 F2	0.615	1.587	0.150	1	0.698	1.849
家庭存款 F3	-4.300	3.882	1.227	1	0.268	0.014
家庭获得贷款的机会 F4	0.242	0.251	0.930	1	0.335	1.274
领导潜力 S1	-0.089	0.586	0.023	1	0.879	0.915
参加村组织 S2	0.710	0.455	2.436	1	0.119	2.033
家庭困难时的求助对象 S3	-0.955	0.465	4.209	1	0.040	0.385
亲戚圈 S4	0.669	1.487	0.202	1	0.653	1.952
常数	-2.014	0.603	11.169	1	0.001	0.133

根据表 6.5 可知，牲畜数量 P1 的增加会显著地增加对混合型生计策略类型的选择（$B=2.426$），回归系数为正，体现了两者的正相关；住房面积和类型 P2 的增加会显著地增加混合型生计策略的选择（$B=1.622$），回归系数为正，体现了它们之间的正相关；家庭困难时的求助对象 S3 的增加会显著地降低混合型生计策略的选择（$B=-0.955$），回归系数为负，体现了两者的负相关。牲畜数量 P1、住房面积和类型 P2 及家庭困难时的求助对象 S3 的显著性水平分别为 0.012、0.007 和 0.040，均小于 0.05，这说明牲畜数量 P1、住房面积和类型 P2 及家庭困难时的求助对象 S3 对混合型生计策略具有显著影响。家庭整体劳动能力 H1、家庭成年劳动力受教育程度 H2、家庭人员健康情况 H3、耕地面积 N1、草场面积 N2、森林面积 N3、生产交通资产 P3、家庭现金收入 F1、家庭得到的国家补贴收入 F2、家庭存款 F3、家庭获得贷款的机会 F4、领导潜力 S1、参加村组织 S2 和亲戚圈 S4 的显著性水平分别为 0.748、0.658、0.545、0.308、0.378、0.784、0.173、0.871、0.698、0.268、0.335、0.879、0.119 和 0.653，均大于 0.05，这说明家庭整体劳动能力 H1、家庭成年劳动力受教育程度 H2、家庭人员健康情况 H3、耕地面积 N1、草场面积 N2、森林面积 N3、生产交通资产 P3、家庭现金收入 F1、家庭得到的国家补贴收入 F2、家庭存款 F3、家庭获得贷款的机会 F4、领导潜力 S1、参加村组织 S2 和亲戚圈 S4 对混合型生计策略没有显著影响。

6.3 分析小结

本章的分析主要包括两个部分：一是 17 个因子对不同生计策略类型的整体影响分析；二是 17 个因子对各个不同生计策略类型影响的具体分析，能反映出 17 个因子对不同生计策略类型的具体影响。

从整体分析来看，以下 10 个因子对生计策略类型的选择具有显著影响：家庭整体劳动能力、家庭人员健康情况、耕地面积、草场面积、牲畜数量、住房面积和类型、生产交通资产、家庭得到的国家补贴收入、参加村组织和家庭困难时的求助对象。

从不同生计策略类型的分析结果来看，对于以牧业为主型的生计策略类型具有显著影响的因子有 4 个，分别是家庭人员健康情况、耕地面积、草场面积和家庭困难时的求助对象，其中耕地面积、草场面积和家庭困难时的求助对象这 3 个因子的增加会使农牧民强化其对以牧业为主型生计策略类型的选择，家庭人员健康情况这一因子值的增加会减少农牧民家庭对以牧业为主型生计策略类型的选择。

对于以农业为主型的生计策略类型具有显著影响的因子有 2 个，分别是牲畜数量和家庭获得贷款的机会，分析结果显示牲畜数量和家庭获得贷款的机会这两个因子值的增加会减少农牧民家庭对以农业为主型生计策略类型的选择。

对于以副业为主型的生计策略类型具有显著影响的因子有 3 个，分别是耕地面积、草场面积和家庭困难时的求助对象。耕地面积、草场面积和家庭困难时的求助对象这 3 个因子值的增加会使农牧民家庭减少以副业为主型生计策略类型的选择。

对于混合型的生计策略类型具有显著影响的因子有 3 个，分别是牲畜数量、住房面积和类型及家庭困难时的求助对象。其中，牲畜数量、住房面积和类型这两个因子值的增加会使农牧民家庭增加混合型生计策略类型的选择；家庭困难时的求助对象这一因子值的增加会使农牧民家庭减少混合型生计策略类型的选择。

第 7 章　西藏农牧民就业与培训现状及问题分析

新型城镇化是以人为核心的城镇化，是关注人的发展的城镇化。新型城镇化建设不仅解决了大量的就业问题，吸纳了大量农村剩余劳动力；同时，随着新型城镇化背景下农牧民生活环境和生产方式产生了相应的变化，农牧民面临的就业问题也日益突出，与就业问题直接联系的还有就业培训问题。这些问题也是直接关系到新型城镇化建设对人的影响以及对人可持续发展的影响问题。

农牧民在新型城镇化背景下的就业现状如何？农牧民如何就业？农牧民的就业途径和渠道是什么？农牧民在就业的过程中得到了哪些人或组织和机构的帮助？农牧民对子女的就业期望是什么？农牧民是否参加了政府组织的就业培训，就业培训的效果如何，存在什么问题？对以上农牧民遇到或可能遇到的这些问题的调查和分析可以对新型城镇化背景下农牧民的就业基本情况，以及就业培训的基本问题有一个较好地把握。同时，也可以对新型城镇化背景下社会整体的组织程度、农牧民生活中社会网络的重要程度有更深刻的认识。如果人们主要通过中介机构找到工作，那么就说明这个社会和经济活动的组织程度比较高，人们可以通过这些机构获得可靠和丰富的就业信息，对于这些机构介绍与安排的工作也有较高的信赖感。但是，如果人们主要通过私人社会网络（亲友）或主要靠自己到各用人单位去询问并争取职位，这个社会的组织程度就比较低，私人社会网络在人们的就业和生活中仍然发挥着重要的作用。

本章通过西藏农牧民就业现状、就业培训，以及进入城镇劳动力市场就业方式的调查和分析，了解新型城镇化背景下西藏农牧民的就业及培训现状，把握其农村社会关系的构成，更重要的是希望通过调查能够把握农牧民在就业及培训中遇到的问题，从农牧民的视角考察农牧民在就业和培训过程中遇到的困难及政府在农牧民劳动力转移就业中起到的实际效果和作用。

7.1 农牧民就业情况的分析

7.1.1 农牧民整体就业情况的分析

本研究对农牧民整体就业情况的分析主要是以"是否有稳定工作""政府就业信息的提供""找工作的难易程度"及"工作是谁介绍的"这几个内容的整体调查结果来进行的。

由表 7.1 可知,调查结果显示,591 份回收问卷中,有 582 份回答了"家中人员是否有稳定工作",有效样本率为 98.5%。在有效回答中,有稳定工作的有 18%,没有稳定工作的占绝大多数,占有效回答的 82%。再继续对 105 户"家中人员有相对稳定工作的月收入情况"进行分析,由表 7.2 可知,有 101 户作答,有效回答率为 96.2%。多数回答 2001 元及以上,占有效回答的 78.2%,少数回答不到 500 元,占有效回答的 2%。以上调查结果说明,被调查农牧民家中人员有相对稳定工作的不多,且月收入主要集中在 2001 元及以上。

表 7.1 被调查农牧民家中人员是否有相对稳定工作

调查样本 (人)	回答样本 (人)	有效样本率 (%)	详细内容	回答样本数 (人)	选项占有效回答 百分比(%)
591	582	98.5	有	105	18.0
			没有	477	82.0

表 7.2 被调查农牧民家中人员有相对稳定工作的月收入情况

调查样本 (人)	回答样本 (人)	有效样本率 (%)	详细内容	回答样本数 (人)	选项占有效回答 百分比(%)
105	101	96.2	不到 500 元	2	2.0
			501~1000 元	2	2.0
			1001~1500 元	8	7.9
			1501~2000 元	10	9.9
			2001 元及以上	79	78.2

由表 7.3 可知,591 份回收问卷中有 573 份回答了政府为农牧民提供就业信息的主要方式,有效样本率为 97%。信息是由村委会通知和发宣传单通知的,分别占有效回答的 75.7%和 31.4%;有专业的就业信息部门可查询的占有效回答的

18.8%；利用网络平台发布就业信息的仅占 4.2%。说明目前政府提供就业信息的方式和渠道比较传统，没有充分利用现代科技和网络，信息发布平台建设滞后等，影响农牧民对就业信息的获取及对就业市场的了解，会对就业产生一定负面影响。

表 7.3　政府为被调查农牧民提供就业信息的主要方式（多选题）

调查样本（人）	回答样本（人）	有效样本率（%）	详细内容	回答样本数（人）	选项占有效回答百分比(%)
591	573	97	村委会通知	434	75.7
			发宣传单通知	180	31.4
			有专业的就业信息部门可查询	108	18.8
			利用网络平台发布就业信息	24	4.2
			没有提供	6	1.0
			其他	17	3.0

注：因为是多选题，所以选项百分比之和超过了100%。

由表 7.4 可知，在调查农牧民找工作的难易程度时，回收的 591 份问卷中有 548 份作答了，有效样本率为 92.3%。总体上多数回答不容易，占有效回答的 61%，认为容易的仅占有效回答的 17%，说明农牧民找工作是不容易的。

表 7.4　被调查农牧民找工作的难易程度

调查样本（人）	回答样本（人）	有效样本率（%）	详细内容	回答样本数（人）	选项占有效回答百分比(%)
591	548	92.3	非常容易	7	1.3
			比较容易	86	15.7
			一般	121	22.1
			不太容易	240	43.8
			非常不容易	94	17.2

由表 7.5 可知，对农牧民现有工作的介绍渠道进行调查时发现，591 份回收问卷中有 556 份作答，有效样本率为 94.1%。有效问卷中回答是自己找和亲戚朋友介绍的分别占 46.9%和 42.3%，说明农牧民找工作主要是靠自己找和亲戚朋友介绍，通过政府部门介绍的很少。说明社会的组织程度较低，私人社会网络在人们的就业和生活中仍然发挥着重要的作用。由于农牧民自身和亲戚朋友的就业信

息和渠道有限，又缺乏有效的社会支持，在某种程度上加大了找工作的难度，这也导致了农牧民不容易找到工作。

表 7.5 被调查农牧民家庭工作是谁介绍的

调查样本（人）	回答样本（人）	有效样本率（%）	详细内容	回答样本数（人）	选项占有效回答百分比（%）
591	556	94.1	政府部门	50	9.0
			亲戚朋友	235	42.3
			自己找	261	46.9
			其他	10	1.8

7.1.2 不同生计策略类型家庭的农牧民就业情况的分析

对不同生计策略类型家庭的农牧民的就业情况分析主要从"是否有稳定工作"和"找工作的难易程度"来进行。对不同生计策略类型农牧民有无稳定工作统计分析时，首先从 591 份回收问卷中筛选出能够确定生计策略类型的有 577 份问卷，再从 577 份问卷中筛选出回答了有无稳定工作的有效回答问卷 568 份。

由表 7.6 所示的数据结果可知，在有效回答中无论哪种生计策略类型家庭的农牧民无稳定工作的占比都很高，且 4 种生计策略类型中回答无稳定工作的比重由高到低依次为以牧业为主型(95.05%)、以农业为主型(89.10%)、混合型(79.57%)和以副业为主型(70.64%)，即在 4 种生计策略类型中进行比较，以牧业为主型的农牧民就业情况最差，以副业为主型的就业情况最好，但是也只有29.36%而已。

在对不同生计策略类型家庭的农牧民找工作难易程度进行分析时，首先从591 份回收问卷中筛选出回答了找工作容难程度的问卷，回答有无稳定工作的有548 份，再在这 548 份问卷中筛选出能确定生计策略类型的问卷 535 份，并据此展开分析。

表 7.6 不同生计策略类型家庭的农牧民有无稳定工作统计表

生计类型	总样本（人）	有效回答（人）	有效回答率（%）	有稳定工作（人）	占有效回答比重(%)	无稳定工作（人）	占有效回答比重(%)
以牧业为主型	102	101	99.02	5	4.95	96	95.05
以农业为主型	160	156	97.50	17	10.90	139	89.10
以副业为主型	221	218	98.64	64	29.36	154	70.64
混合型	94	93	98.94	19	20.43	74	79.57

对不同生计策略类型农牧民找工作难易程度统计分析时,首先从 591 份回收问卷中筛选出能够确定生计策略类型的有 577 份问卷,再从 577 份问卷中筛选出回答了找工作难易程度的有效回答问题 535 份。由表 7.7 所示的数据结果可知,总体上无论哪种生计策略类型家庭的农牧民认为找工作不容易的有效回答占比都很高,且 4 种生计策略类型中回答找工作不容易的比重由高到低依次为以农业为主型(88.74%)、以牧业为主型(88.46%)、以副业为主型(80.47%)和混合型(80.22%),即在 4 种生计策略类型中进行比较时,以农业为主型的和以牧业为主型的农牧民认为找工作最难,这与他们较为单一的生产方式和就业技能不足有很大关系。混合型和以副业为主型的虽然情况好一些,但是仍有 80%的认为找工作不容易,就业困难依旧很大。整体上农牧民就业困难大。

表 7.7 不同生计策略类型家庭的农牧民找工作难易程度基本情况表

项目	总样本(人)	有效回答(人)	有效回答率(%)	容易(人)	占有效回答百分比(%)	不容易(人)	占有效回答百分比(%)
以牧业为主型	102	78	76.47	9	11.54	69	88.46
以农业为主型	160	151	94.38	17	11.26	134	88.74
以副业为主型	221	215	97.29	42	19.53	173	80.47
混合型	94	91	96.81	18	19.78	73	80.22
合计	577	535	92.72	86	16.07	449	83.93

7.1.3 就业稳定性不同农牧民就业情况的对比分析

虽然被调查农牧民中有 18%的有相对稳定的工作,但为了了解与 82%的没有稳定工作的农牧民的就业情况相比有何不同,本研究分别对这两类人群的就业情况展开分析并进行比较,目的是想进一步了解不同就业程度农牧民的就业困难与问题。从表 7.8 到表 7.15 是基于就业稳定性不同的不同生计策略类型家庭的农牧民就业情况的基本分析,主要是对找工作的难易程度、工作的介绍渠道、政府是否进行过就业培训及对子女未来的就业期望这 4 个维度进行分析。希望通过对这些问题的基本分析了解其就业的情况和态度、认识和工作(就业)来源等,以发现其就业困难与可能存在的问题。

1. 就业难易程度的对比分析

通过表 7.8 的数据结果可知:首先,虽然这些被调查者都有稳定工作,但是 4 种生计策略类型家庭的农牧民有 50%以上均认为找工作不容易;同时,不同生计策略类型家庭的农牧民其就业难易程度也不同,4 种生计策略类型有稳定工作但明确认为找工作比较困难的比重由高到低依次为混合型(88.88%)、以农业为主型(82.35%)、以牧业为主型(60%)和以副业为主型(53.12%)。

表7.8 有稳定工作的不同生计策略类型家庭的农牧民找工作难易程度

生计类型	总样本(人)	有效回答(人)	有效回答率(%)	非常容易(%)	比较容易(%)	一般(%)	不太容易(%)	非常不容易(%)
以牧业为主型	5	5	100.00	0.00	20.00	20.00	60.00	0.00
以农业为主型	17	17	100.00	0.00	5.89	11.76	47.06	35.29
以副业为主型	64	64	100.00	6.25	12.50	28.13	45.31	7.81
混合型	19	18	94.74	0.00	5.56	5.56	44.44	44.44

由表7.9可知，总体上无论来自哪种生计策略类型的家庭，无稳定工作的农牧民均认为目前找工作有困难，不容易。具体来说，生计策略类型以牧业为主型、以农业为主型、以副业为主型和混合型的认为就业和找工作困难的分别占有效回答的55.56%、68.46%、61.75%和52.78%，即以农业为主型的认为就业困难的占比最多，这与其生计策略单一、缺乏技能、经验和社会阅历有一定关系。相比较而言，混合型和以副业为主型的因为其家庭的生计活动具有一定多样性，也具备了一定的就业经验、能力和社会阅历，对其就业也就会有一定的帮助。

表7.9 无稳定工作不同生计策略类型家庭的农牧民找工作难易程度

生计类型	总样本(人)	有效回答(人)	有效回答率(%)	非常容易(%)	比较容易(%)	一般(%)	不太容易(%)	非常不容易(%)
以牧业为主型	96	72	75.00	1.39	9.72	33.33	45.84	9.72
以农业为主型	139	130	93.53	0.00	12.31	19.23	46.92	21.54
以副业为主型	154	149	96.75	0.67	19.46	18.12	44.30	17.45
混合型	74	72	97.30	1.39	22.22	23.61	36.11	16.67

2. 工作介绍渠道的对比分析

表7.10所示的数据结果显示，回答有稳定工作的4种生计策略类型家庭的农牧民其主要就业的介绍渠道各不相同。工作是由政府部门介绍的农牧民中以牧业为主型的占比最高，以农业为主型的最低；工作是由亲戚朋友介绍的农牧民中以牧业为主型的占比最高，混合型占比最低；工作是自己找的农牧民中以农业为主型的占比最高，以牧业为主型的占比最低。可以说明，以牧业为主型生计策略类型家庭的农牧民依靠政府介绍就业的比例要大于其他生计策略类型家庭的农牧民，但是比例也很低，不是农牧民就业的主要介绍渠道；以牧业为主型生计策略

类型家庭的农牧民就业主要是靠亲戚朋友的介绍,其次是政府部门的介绍,自己出去找的很少,这与其自身的素质技能和发展能力(接受培训后就业的能力)较弱有关。农牧民基本上都是自己出去找工作,然后是依靠亲戚朋友的介绍,生计策略类型是以农业为主型、混合型和以副业为主型家庭的农牧民其就业基本是靠自己,然后很少一部分靠亲戚朋友,基本没有或者很少是依靠政府部门的介绍就业的,也就是说,农牧民普遍缺乏社会资本对其就业的帮助,同时社会的组织程度较低,对农牧民的就业缺乏有力的组织保障和支撑。

表7.10　有稳定工作不同生计策略类型家庭的农牧民找工作的介绍对象

生计类型	总样本(人)	有效回答(人)	有效回答率(%)	政府部门(%)	亲戚朋友(%)	自己找(%)	其他(%)
以牧业为主型	5	5	100.00	20.00	60.00	20.00	0.00
以农业为主型	17	17	100.00	0.00	23.53	76.47	0.00
以副业为主型	64	64	100.00	9.38	31.25	54.69	4.68
混合型	19	19	100.00	15.79	10.53	73.68	0.00

表7.11所示的是无稳定工作农牧民其工作介绍对象的基本情况的统计。总体上,工作还是亲戚朋友介绍和自己找的居多,工作是由政府部门介绍的很少。具体来讲,是亲戚朋友介绍工作的占比由高到低分别为以牧业为主型(60.81%)、以农业为主型(48.87%)、以副业为主型(37.08%)和混合型(31.94%);工作是自己找的占比由高到低分别为混合型(51.39%)、以副业为主型(46.36%)、以农业为主型(44.36%)和以牧业为主型(35.14%);工作是政府部门介绍的占比由高到低分别为混合型(13.89%)、以副业为主型(11.26%)、以农业为主型(6.77%)和以牧业为主型(1.35%)。

表7.11　无稳定工作不同生计策略类型家庭的农牧民找工作的介绍对象

生计类型	总样本(人)	有效回答(人)	有效回答率(%)	政府部门(%)	亲戚朋友(%)	自己找(%)	其他(%)
以牧业为主型	96	74	77.08	1.35	60.81	35.14	2.70
以农业为主型	139	133	95.68	6.77	48.87	44.36	0.00
以副业为主型	154	151	98.05	11.26	37.08	46.36	5.30
混合型	74	72	97.30	13.89	31.94	51.39	2.78

以上说明,无稳定工作农牧民的工作介绍对象(或就业渠道)与有稳定工作的农牧民情况还是有所不同的。

3. 政府提供就业培训情况的对比分析

由表 7.12 可知，在以牧业为主型的生计策略类型中，被调查农牧民有稳定工作的有 5 人，回答了政府是否提供就业技能培训的有 4 人，有效回答率为 80%，其中回答是和否的各占有效回答的 50%；在以农业为主型的生计策略类型中，被调查农牧民有稳定工作的有 17 人，回答了政府是否提供就业技能培训的有 17 人，有效回答率为 100%，其中回答是和否的分别占有效回答的 29.41%和 70.59%；在以副业为主型的生计策略类型中，被调查农牧民有稳定工作的有 64 人，回答了政府是否提供就业技能培训的有 62 人，有效回答率为 96.88%，其中回答是和否的分别占有效回答的 32.26%和 67.74%；在混合型生计策略类型中，被调查农牧民有稳定工作的有 19 人，回答了政府是否提供就业技能培训的有 18 人，有效回答率为 94.74%，其中回答是和否的分别占有效回答的 33.33%和 66.67%。以上说明，在被调查农牧民有稳定工作的前提下，除了以牧业为主型生计策略类型家庭的农牧民对政府提供就业培训有一定的肯定外，生计策略类型是以农业为主型、以副业为主型和混合型家庭的农牧民均有较大比例认为政府缺乏提供就业培训，尤其是以农业为主型的，占比最高。说明农牧民认为政府的就业培训工作普及率不高，但是农牧民为了生存和发展有时需要接受培训，这个矛盾和问题是必须要规划和妥善解决的。

表 7.12　有稳定工作不同生计策略类型家庭的农牧民对政府是否提供就业技能培训的回答

生计类型	总样本(人)	有效回答(人)	有效回答率(%)	是(%)	否(%)
以牧业为主型	5	4	80.00	50.00	50.00
以农业为主型	17	17	100.00	29.41	70.59
以副业为主型	64	62	96.88	32.26	67.74
混合型	19	18	94.74	33.33	66.67

表 7.13 所示的是无稳定工作农牧民回答的政府是否对其提供了就业技能培训的情况。由表 7.13 可知，在以牧业为主型的生计策略类型中，被调查农牧民无稳定工作的有 96 人，回答了政府是否提供就业技能培训的有 90 人，有效回答率为 93.75%，其中回答是的占有效回答的 10.00，回答否的占有效回答的 90.00；在以农业为主型的生计策略类型中，被调查农牧民无稳定工作的有 139 人，回答了政府是否提供就业技能培训的有 135 人，有效回答率为 97.12%，其中回答是的占有效回答的 22.96%，回答否的占有效回答的 77.04%；在以副业为主型的生计策略类型中，被调查农牧民无稳定工作的有 154 人，回答了政府是否提供就业技能培训的有 145 人，有效回答率为 94.16%，其中回答是的占有效回

答的 35.17%，回答否的占有效回答的 64.83%；在混合型生计策略类型中，被调查农牧民无稳定工作的有 74 人，回答了政府是否提供就业技能培训的有 70 人，有效回答率为 94.59%，其中回答是的占有效回答的 32.86%，回答否的占有效回答的 67.14%。在被调查农牧民无稳定工作的前提下，回答政府是否提供就业技能培训，其中，回答是的占有效回答比最高的是以副业为主型生计策略类型家庭的农牧民，占有效回答比最低的是以牧业为主型生计策略类型家庭的农牧民；回答否的占有效回答比最高的是以牧业为主型生计策略类型家庭的农牧民，占有效回答比最低的是以副业为主型生计策略类型家庭的农牧民。

表 7.13 无稳定工作不同生计策略类型家庭的农牧民对政府是否提供就业技能培训的回答

生计类型	总样本(人)	有效回答(人)	有效回答率(%)	是(%)	否(%)
以牧业为主型	96	90	93.75	10.00	90.00
以农业为主型	139	135	97.12	22.96	77.04
以副业为主型	154	145	94.16	35.17	64.83
混合型	74	70	94.59	32.86	67.14

4. 对子女未来工作期望的对比分析

如表 7.14 所示，目前有较稳定工作的农牧民对子女的就业态度体现了其对上学子女未来生计的某种期望。调查结果显示，农牧民无论来自哪种生计策略类型的家庭，其对子女未来的就业期望公务员是首选，其次是自己喜好和做生意，希望子女帮家庭分担困难的很少(这与农牧民家长现在有相对稳定的工作有关)。可以看出固定工作和稳定收入仍是农牧民认为最好的生计策略和生计结果。具体分析，期望子女未来的工作是公务员的按占比高低分别为以副业为主型(66.67%)、混合型(63.16%)、以农业为主型(62.50%)和以牧业为主型(40%)。期望子女未来的工作是自己喜好的按占比高低分别为以牧业为主型(40%)、以农业为主型(37.50%)、混合型(26.32%)和以副业为主型(15.87%)。

表 7.14 有稳定工作不同生计策略类型家庭的农牧民对上学子女未来工作的期望

生计类型	总样本(人)	有效回答(人)	有效回答率(%)	公务员(%)	做生意(%)	自己喜好(%)	帮家庭分担困难(%)	其他(%)
以牧业为主型	5	5	100.00	40.00	20.00	40.00	0.00	0.00
以农业为主型	17	16	94.12	62.50	0.00	37.50	0.00	0.00
以副业为主型	64	63	98.44	66.67	6.35	15.87	11.11	0.00
混合型	19	19	100.00	63.16	5.26	26.32	5.26	0.00

表 7.15 所示的数据显示，在有效回答中，整体上无论是来自哪种生计策略类型的家庭，无稳定工作的农牧民都希望子女未来的工作是公务员的居多，且比例要高于有稳定工作的。无稳定工作的农牧民期望上学子女未来的工作是公务员的占比由高到低依次为以农业为主型(82.96%)、以牧业为主型(75.86%)、以副业为主型(75.33%)和混合型(68.49%)。无稳定工作的农牧民希望子女未来的工作是做生意和自己喜好的占比总体上低于有稳定工作的，且希望子女未来能帮家庭分担困难的占比要高于有稳定工作的。这些与农牧民工作不稳定，存在就业风险和对未来生活的担忧要高于有稳定工作的有关。

表 7.15 无稳定工作不同生计策略类型家庭的农牧民对上学子女未来工作的期望

生计类型	总样本(人)	有效回答(人)	有效回答率(%)	公务员(%)	做生意(%)	自己喜好(%)	帮家庭分担困难(%)	其他(%)
以牧业为主型	96	87	90.63	75.86	5.75	13.79	4.60	0.00
以农业为主型	139	135	97.12	82.96	3.71	11.11	2.22	0.00
以副业为主型	154	150	97.40	75.33	5.33	10.00	9.34	0.00
混合型	74	73	98.65	68.49	9.59	12.33	9.59	0.00

7.1.4 农牧民有无稳定工作影响因素的分析

对于农牧民有无稳定工作影响因素的分析运用了 Logistic 二元回归模型，其中，Y 为被解释变量，类型编码用"1"和"0"表示。具体分析原理及公式参照第 6 章的式(6.1)和式(6.2)。

本分析运用了 SPSS 22.0 和 Excel 软件。运用 Excel 软件筛选出被调查农牧民有无稳定工作的 7 个影响因素(年龄、受教育程度、汉语程度、对目前的经济收入满意状况、政府是否提供就业技能培训、您和家人经常得到就业和技能培训的信息和您从哪里得到的就业和技能培训信息)。对于有无稳定工作，有稳定工作定义为 1，无稳定工作定义为 0，然后把数值代入 SPSS 22.0 软件，进行 Logistic 二元回归分析，其中，以有无稳定工作为因变量，7 个影响因素为自变量，并且 7 个自变量为分类变量，对其值进行了说明。具体结果如表 7.16 所示。在表 7.16 中，被解释变量：$Y=1$，表明有稳定工作；$Y=0$，表明无稳定工作。解释变量：年龄(X_1)、受教育程度(X_2)、汉语程度(X_3)、对目前的经济收入满意状况(X_4)、政府是否提供就业技能培训(X_5)、您和家人经常得到就业和技能培训的信息(X_6)和您从哪里得到的就业和技能培训信息(X_7)。

表 7.16 被调查农牧民有无稳定工作影响因素

项目	B	S.E.	Wald	df	Sig	Exp(B)
年龄			14.111	3	0.003	
40 岁及以下	-0.94	0.678	1.925	1	0.165	0.391
41～55 岁	-1.244	0.388	10.278	1	0.001	0.288
56 岁及以上	-0.336	0.359	0.876	1	0.349	0.714
受教育程度			6.881	3	0.076	
初中及以下	-1.137	1.044	1.187	1	0.276	0.321
初中以上到大专	-1.747	0.702	6.197	1	0.013	0.174
大专以上	-1.019	0.654	2.431	1	0.119	0.361
汉语程度			6.434	3	0.092	
不会说也不会写	0.224	0.889	0.063	1	0.801	1.251
口语沟通没问题但不会写	-0.019	0.587	0.001	1	0.974	0.981
口语沟通和书写都没问题	0.81	0.593	1.867	1	0.172	2.248
对目前的经济收入满意状况			12.542	2	0.002	
满意	0.77	0.841	0.839	1	0.360	2.159
不满意	0.901	0.255	12.52	1	0.000	2.462
政府是否提供就业技能培训			2.801	2	0.246	
是	-19.377	22746.448	0	1	0.999	0
否	0.446	0.266	2.801	1	0.094	1.562
您和家人经常得到就业和技能培训的信息			1.255	2	0.534	
经常	-0.94	1.105	0.724	1	0.395	0.391
很少	-0.284	0.38	0.561	1	0.454	0.753
您从哪里得到的就业和技能培训信息			9.5	3	0.023	
政府部门	-0.932	0.692	1.815	1	0.178	0.394
亲戚朋友	-0.857	0.298	8.255	1	0.004	0.424
依靠自己	-0.293	0.301	0.946	1	0.331	0.746
常数		0.638	0.553	1	0.457	1.607

根据表 7.16 所示的结果可知，年龄为 41～55 岁、受教育程度是初中以上到大专、对目前的经济收入状况不满意和从亲戚朋友那里得到的就业和技能培训信息的显著性水平分别为 0.001、0.013、0.000 和 0.004，均小于 0.05，这说明以上变量对农牧民有稳定工作具有显著影响，并且被调查农牧民的年龄处于 41～55 岁阶段的与有稳定工作之间是负相关(B=-1.244)；被调查农牧民受教育程度是初中以上到大专的与有稳定工作之间是负相关(B=-1.747)；被调查农牧民对目前经济收入状况的不满意与有稳定工作之间是正相关(B=0.901)；被调查

农牧民就业和技能培训信息是来自于亲戚朋友的与有稳定工作之间是负相关($B=-0.857$)。

而年龄为 40 岁及以下、56 岁及以上，受教育程度是初中及以下、大专以上，不同汉语程度(不会说也不会写、口语沟通没问题但不会写、口语沟通和书写都没问题)，对目前经济收入满意、政府是否提供就业技能培训中的是和否，自己和家人经常或很少得到就业信息，就业信息中来自政府部门和自己找的显著性水平均大于 0.05，说明对有稳定工作没有显著影响。

由于表 7.16 的分析结果显示年龄为 41~55 岁、受教育程度是初中以上到大专、对目前收入不满意和从亲戚朋友处获取就业技能培训信息这 4 个变量对是否有稳定工作有显著影响，因此将这 4 个变量作为主要考察因素，对不同生计策略类型在这 4 个方面的基本情况进行描述分析，分析结果如表 7.17~表 7.20 所示。

分析时，首先从 591 份问卷中筛选出回答有无稳定工作的问卷 582 份，再对这 582 份问卷中能够确定生计策略类型的 568 份问卷进行分析。

表 7.17　不同生计策略类型家庭的农牧民年龄因素回答情况

生计类型	总样本(人)	有效回答(人)	有效回答率(%)	40 岁及以下(%)	41~55 岁(%)	56 岁及以上(%)
以牧业为主型	101	98	97.03	40.82	42.86	16.32
以农业为主型	156	151	96.79	49.01	41.72	9.27
以副业为主型	218	203	93.12	48.28	40.39	11.33
混合型	93	91	97.85	52.75	37.36	9.89

由表 7.17 可知，年龄为 41~55 岁的有效回答在 4 种生计策略类型间的分布比较均等。结合以上被调查农牧民的年龄处于 41~55 岁阶段的与有稳定工作之间是负相关的结果(表 7.16)，说明整体上无论哪种生计类型家庭的农牧民，年龄在 41~55 岁这个阶段工作不稳定或工作不好找是普遍存在的。

表 7.18　不同生计策略类型家庭的农牧民受教育程度因素回答情况

生计类型	总样本(人)	有效回答(人)	有效回答率(%)	初中及以下(%)	初中以上到大专(%)	大专以上(%)
以牧业为主型	101	98	97.03	88.78	8.16	3.06
以农业为主型	156	149	95.51	94.63	3.36	2.01
以副业为主型	218	212	97.25	89.15	5.66	5.19
混合型	93	86	92.47	90.70	5.81	3.49

由表 7.18 可知，4 种生计策略类型中受教育程度在初中以上到大专的有效回答占比由高到低依次分别为以牧业为主型（占 8.16%）、混合型（占 5.81%）、以副业为主型（占 5.66%）、以农业为主型（占 3.36%）。结合以上被调查农牧民受教育程度是初中以上到大专的与有稳定工作之间是负相关的分析结果（表 7.16），说明以牧业为主型、混合型和以副业为主型的教育程度在初中以上到大专的农牧民不太好找稳定工作的要多一些，这与其就业期望值及传统生产生活方式有一定关系。

表 7.19 不同生计策略类型家庭的农牧民经济收入满意与否的回答情况

生计类型	总样本(人)	有效回答(人)	有效回答率(%)	满意(%)	不满意(%)
以牧业为主型	101	99	98.02	51.52	48.48
以农业为主型	156	155	99.36	51.61	48.39
以副业为主型	218	211	96.79	64.45	35.55
混合型	93	92	98.92	64.13	35.87

由表 7.19 可知，4 种生计策略类型中对经济收入不满意的有效回答占比由高到低依次分别为以牧业为主型（占 48.48%）、以农业为主型（占 48.39%）、混合型（占 35.87%）、以副业为主型（占 35.55%）。结合以上被调查农牧民对目前经济收入状况不满意与有稳定工作之间是正相关的分析结果（表 7.16），说明以牧业为主型和以农业为主型生计策略类型家庭的农牧民由于对经济收入增加的需要，加上就业技能偏弱和就业机会较少，可能会更希望有工作，一旦有机会找到工作，也会坚持下来。

表 7.20 不同生计策略类型家庭的农牧民得到就业和技能培训信息渠道回答情况

生计类型	总样本(人)	有效回答(人)	有效回答率(%)	政府部门(%)	亲戚朋友(%)	自己找(%)
以牧业为主型	101	89	88.12	46.07	37.08	16.85
以农业为主型	156	154	98.72	37.01	38.31	24.68
以副业为主型	218	205	94.04	45.37	24.87	29.76
混合型	93	91	97.85	51.65	27.47	20.88

由表 7.20 可知，4 种生计策略类型中从亲戚朋友那里得到就业和技能培训信息的有效回答占比由高到低依次分别为以农业为主型（占 38.31%）、以牧业为主型（占 37.08%）、混合型（占 27.47%）和以副业为主型（占 24.87%）。结合以上被调查农牧民就业和技能培训信息是来自于亲戚朋友的与有稳定工作之间是负相关的

分析结果(表 7.16),说明农牧民自身的社会网络结构对其就业和找到稳定工作没有帮助,而且由于其社会网络结构的质量以及农牧民自身对信息的处理能力,尽管有就业信息,但是从工作性质上是短工之类的,或者信息本身就会有偏离。

7.2 农牧民就业培训情况的分析

对农牧民就业培训现状和问题的分析主要从对农牧民"参加培训意愿""培训信息来源""政府提供就业技能培训情况""政府提供的培训效果"和"政府培训后是否介绍工作"等问题的调查展开,具体调查结果如表 7.21～表 7.27 所示。

7.2.1 对农牧民整体就业培训情况的分析

表 7.21 政府是否提供就业技能培训

调查样本(人)	回答样本(人)	有效样本率(%)	详细内容	回答样本数(人)	选项占有效回答百分比(%)
591	558	94.4	是	151	27.1
			否	407	72.9

表 7.22 被调查农牧民家庭成员是否愿意学习各种新技能

调查样本(人)	回答样本(人)	有效样本率(%)	详细内容	回答样本数(人)	选项占有效回答百分比(%)
591	501	84.8	是	315	62.9
			否	186	37.1

表 7.23 被调查农牧民参加政府提供的就业技能培训后对找工作的帮助程度

调查样本(人)	回答样本(人)	有效样本率(%)	详细内容	回答样本数(人)	选项占有效回答百分比(%)
151	132	87.4	非常大	6	4.5
			比较大	55	41.7
			一般	33	25.0
			不太大	16	12.1
			非常小	22	16.7

由表 7.21 可知，在调查政府是否提供就业技能培训时，591 份回收问卷中有 558 份回答了该问题，有效样本率为 94.4%，回答是的占有效回答的 27.1%，回答否的占有效回答的 72.9%。由表 7.22 可知，591 份回收问卷中有 501 份回答了农牧民是否愿意学习各种新技能，有效样本率为 84.8%，回答是和否的分别占有效回答的 62.9%和 37.1%。由表 7.23 可知，151 份回收问卷中有 132 份回答了农牧民参加政府提供的就业技能培训后对找工作的帮助程度，有效样本率为 87.4%，表示有帮助的占 46.2%，回答一般和帮助不大的占 53.8%，说明整体上参加政府提供的就业技能培训对找工作的帮助并不是很大，也说明了培训效果有待提高。

表 7.24　被调查农牧民认为政府提供的培训效果怎样

调查样本(人)	回答样本(人)	有效样本率(%)	详细内容	回答样本数(人)	选项占有效回答百分比(%)
151	134	88.7	培训内容都差不多、比较重复	33	24.6
			培训时间短、次数少、作用不大	54	40.3
			培训前没有征求意见，不太符合我们的需求	39	29.1
			效果好	7	5.3
			没去过	1	0.7

由表 7.24 可知，在 151 份问卷中有 134 份回答了政府提供就业技能培训效果的问题，有效样本率为 88.7%。多数回答"培训时间短、次数少、作用不大"，占有效回答的 40.3%，其次回答"培训前没有征求意见、不太符合我们的需求"和"培训内容都差不多、比较重复"占有效回答的 29.1%和 24.6%，少数回答"没去过"，占有效回答的 0.7%，说明农牧民认为政府提供的培训效果不佳，原因主要是培训时间短、次数少、作用不大，不太符合农牧民的要求，以及培训内容都差不多、比较重复等。说明政府提供的就业培训整体上从培训规划、培训设计、培训内容安排、培训的实施及培训评估方面都存在一定的问题，导致培训效果不佳，也导致了表 7.23 分析出的参加政府培训对找工作帮助不大的结果。

表 7.25　被调查农牧民参加技能培训后政府介绍就业的情况

调查样本(人)	回答样本(人)	有效样本率(%)	详细内容	回答样本数(人)	选项占有效回答百分比(%)
151	129	85.4	是	68	52.7
			否	61	47.3

第7章 西藏农牧民就业与培训现状及问题分析

表 7.26 被调查农牧民经常得到就业和技能培训的信息吗

调查样本(人)	回答样本(人)	有效样本率(%)	详细内容	回答样本数(人)	选项占有效回答百分比(%)
591	570	96.4	非常多	12	2.1
			比较多	58	10.1
			一般	188	33.0
			比较少	173	30.4
			非常少	139	24.4

由表 7.25 可知，在 151 份问卷中有 129 份回答了政府提供就业帮助情况的问题，有效样本率为 85.4%，回答是和否的分别占有效回答的 52.7%和 47.3%。说明政府相关部门在就业技能培训后开展了一些就业指导和辅导，以及介绍工作，但是范围和深度还不够。

由表 7.26 可知，在回收的 591 份问卷中有 570 份回答了农牧民是否经常得到就业和技能培训的信息，有效样本率为 96.4%，有效回答中的 54.8%认为很少得到相关信息，33.0%的认为一般，只有 12.2%的认为得到的信息比较多。说明总体上农牧民得到的就业和技能培训的信息是比较少的。

表 7.27 被调查农牧民从哪里得到就业和技能培训的信息

调查样本(人)	回答样本(人)	有效样本率(%)	详细内容	回答样本数(人)	选项占有效回答百分比(%)
591	568	96.1	政府部门的通知	249	43.8
			亲戚朋友的介绍	175	30.8
			自己出去找	136	23.9
			没有得到过	7	1.3
			报纸	1	0.2

获取信息的渠道对实际就业和参加就业技能培训是有一定影响的，充分的信息会更好地帮助农牧民决策和选择。由表 7.27 可知，对获得就业和技能培训信息的渠道进行调查时，591 份回收问卷中有 568 份回答了该问题，有效样本率为 96.1%。多数回答获取信息的渠道来自政府部门的通知，占有效回答的 43.8%；其次回答亲戚朋友的介绍和自己出去找，分别占有效回答的 30.8%和 23.9%；回答从报纸等其他渠道获取信息的占有效回答的 0.2%。说明目前农牧民得到就业和技能培训信息的途径和渠道有限，对其就业及参加就业培训有一定的影响。

7.2.2 不同生计策略类型家庭的农牧民就业培训情况的分析

本研究对不同生计策略类型家庭的农牧民就业培训情况的分析,主要是从591份问卷中筛选出可以判定生计策略类型家庭的577份问卷后,再据此进行分析,具体调查结果如表7.28～表7.34所示。

表7.28　不同生计策略类型家庭的农牧民是否愿意学习新技能

生计类型	总样本(人)	有效回答(人)	有效回答率(%)	是(%)	否(%)
以牧业为主型	102	90	88.24	73.33	26.67
以农业为主型	160	142	88.75	43.66	56.34
以副业为主型	221	175	79.19	76.57	23.43
混合型	94	82	87.23	59.76	40.24

由表7.28可知,总体上农牧民还是比较愿意学习新技能的,4种生计策略类型中回答愿意学习新技能的按占有效回答比例的高低排序,依次分别为以副业为主型(76.57%)、以牧业为主型(73.33%)、混合型(59.76%)和以农业为主型(43.66%)。就业能力与技术水平对以副业为主型家庭的农牧民来说非常重要,其家庭收入来源的多样化也体现在就业上,因而其对新技能的学习主动性就高;由于长期从事牧业生产,技能单一,在新型城镇化背景下其生存发展面临的困难较大,因而以牧业为主型家庭的农牧民新技能学习意愿也较高;而以农业为主型家庭的农牧民由于现有从事农业种植和生产的技能获取需要长年的习得,也有较大的成本,不愿放弃,因而其学习新技能的意愿相对偏低。但是,在新型城镇化建设背景下,只有更好地通过技能学习,提高和完善技能水平,才能适应环境,社会化程度才能提高,才能更好地保障可持续生计。

农牧民尽管有参加技能培训的意愿,但是若无渠道或很少能得到就业和技能培训的信息,或者这些信息来源的非权威性和有限性较大,对农牧民实现就业也会产生直接的负面影响,因而本研究对农牧民在这些方面的情况也做了调查和分析(表7.29和表7.30)。

表7.29　不同生计策略类型家庭的农牧民得到就业和技能培训信息的频度

生计类型	总样本(人)	有效回答(人)	有效回答率(%)	非常多(%)	比较多(%)	一般(%)	比较少(%)	非常少(%)
以牧业为主型	102	95	93.14	1.05	6.32	49.47	25.27	17.89
以农业为主型	160	153	95.63	0.65	8.50	26.80	30.07	33.98
以副业为主型	221	215	97.29	2.32	12.09	30.70	36.74	18.15
混合型	94	93	98.94	5.38	10.75	36.56	16.13	31.18

由表 7.29 可知，总体上无论哪种生计策略类型家庭的农牧民，其得到就业和技能培训信息的频度都不高，即较少能得到就业和技能培训的信息。认为获得就业和技能培训信息多的按占有效回答比例的高低依次为混合型(16.13%)、以副业为主型(14.41%)、以农业为主型(9.15%)和以牧业为主型(7.37%)。

表 7.30 不同生计策略类型家庭的农牧民得到就业和技能培训信息的途径

生计类型	总样本(人)	有效回答(人)	有效回答率(%)	政府部门(%)	亲戚朋友(%)	自己去找(%)
以牧业为主型	102	90	88.24	45.56	36.67	17.77
以农业为主型	160	158	98.75	36.08	39.24	24.68
以副业为主型	221	207	93.67	45.41	25.12	29.47
混合型	94	92	97.87	51.09	28.26	20.65

由表 7.30 可知，总体上无论哪种生计策略类型家庭的农牧民其获得的就业和技能培训的信息途径比较分散，按总体占比的高低来说以来源于政府部门和亲戚朋友的较多，而自己去找的则相对较少，即农牧民自身获取信息的能力有限。但是从生计策略类型来看，就业和技能培训信息主要来源于政府部门的混合型的最高(51.09%)，其次较高的依次为以牧业为主型(45.56%)和以副业为主型(45.41%)，而以农业为主型的最低(36.08%)；就业和就业技能培训信息主要来源于亲戚朋友的以农业为主型的最高(39.24%)，其次较高的依次为以牧业为主型(36.67%)和混合型(28.26%)，以副业为主型的最低(25.12%)；就业和技能培训信息主要是自己找的以副业为主型最高(29.47%)，其次依次为以农业为主型(24.68%)和混合型(20.65%)，以牧业为主型的最低(17.77%)。这些数据也再次说明，总体上以牧业为主型家庭的农牧民相对于其他 3 种生计策略类型家庭的农牧民，其自身在就业和技能培训信息获取能力较弱的问题更突出一些，主要依靠政府和亲戚朋友。

表 7.31 不同生计策略类型家庭的农牧民回答政府是否提供就业技能培训的情况

生计类型	总样本(人)	有效回答(人)	有效回答率(%)	是(%)	否(%)
以牧业为主型	102	94	92.16	11.70	88.30
以农业为主型	160	153	95.63	24.18	75.82
以副业为主型	221	209	94.57	34.93	65.07
混合型	94	88	93.62	32.95	67.05

由表 7.31 可知，无论何种生计策略类型家庭的农牧民，认为政府没有提供就业技能培训的占比都较高。认为政府没有提供就业技能培训的按占有效回答比例的高低分别依次为以牧业为主型(88.3%)、以农业为主型(75.82%)、混合型(67.05%)和以副业为主型(65.07%)。除了以牧业为主型家庭的农牧民一般居住地偏远，对外联系不便，存在一定的送训和参训困难外，其他 3 种生计策略类型家庭的农牧民其劳动生活的场所都应该便于培训的展开，说明政府相关部门在给农牧民提供就业技能培训工作方面还有待加强。

为了了解政府提供的培训对帮助农牧民学到技能和实现就业的效果，本研究从两个方面展开了调查分析，一是政府提供的培训对找工作的帮助情况；二是政府提供培训的效果(表 7.32、表 7.33)。

表 7.32　不同生计策略类型家庭的农牧民参加政府培训后对找工作的帮助程度

生计类型	总样本(人)	有效回答(人)	有效回答率(%)	非常大(%)	比较大(%)	一般(%)	不太大(%)	非常小(%)
以牧业为主型	11	10	90.91	0.00	20.00	50.00	10.00	20.00
以农业为主型	37	24	64.86	4.17	70.83	16.67	0.00	8.33
以副业为主型	73	71	97.26	5.63	36.62	18.31	19.72	19.72
混合型	29	28	96.55	10.71	32.14	39.29	3.57	14.29

注：此题为跳转后的题目，回答此题的人数为 150 人(跳转前的题目为：是否参加政府提供的就业技能培训，回答是的继续作答此题，回答否的则不用回答此题，其中回答是的有 151 人，但在 151 人中有 1 人未定性生计策略类型，因此筛除，即回答此题的人数为 150 人)。

由表 7.32 所示的调查结果可知，不同生计策略类型家庭的农牧民对政府提供的培训对其就业帮助情况的态度不一，以牧业为主型的认为有帮助的仅占有效回答的 20%；以副业为主型和混合型的认为有帮助的占有效回答的比例基本一致，分别为 42.25%和 42.85%；以农业为主型的对政府提供的培训给其就业带来帮助的认可度最高，占有效回答的 75%。说明政府提供的培训在较大程度上能为农牧民实现就业起到切实作用，虽然以牧业为主型的认可度较低，但这与其地处偏远及参与市场能力较弱也有一定关系。

对政府培训效果的调查发现，目前政府提供的培训比较突出的问题主要集中在 3 个方面(表 7.33)：一是内容差不多，较重复(有效回答中以农业为主型占 43.38%、混合型占 35.71%、以牧业为主型占 30%和以副业为主型占 13.89%)；二是时间短，次数少，作用不大(有效回答中以副业为主型占 48.61%、以农业为主型占 34.78%、以牧业为主型占 30%和混合型占 25%)；三是不太符合需求(有效回答中混合型占 35.71%、以副业为主型占 31.94%、以牧业为主型占 30%和以农业为主型占 13.04%)。

表7.33 不同生计策略类型家庭的农牧民认为政府提供培训的效果

生计类型	总样本(人)	有效回答(人)	有效回答率(%)	内容差不多，较重复(%)	时间短，次数少，作用不大(%)
以牧业为主型	11	10	90.91	30.00	30.00
以农业为主型	37	23	62.16	43.38	34.78
以副业为主型	73	72	98.63	13.89	48.61
混合型	29	28	96.55	35.71	25.00

生计类型	不太符合需求(%)	很有帮助(%)	没去过(%)	开支大(%)
以牧业为主型	30.00	0.00	0.00	10.00
以农业为主型	13.04	8.80	0.00	0.00
以副业为主型	31.94	5.56	0.00	0.00
混合型	35.71	3.58	0.00	0.00

注：此题为跳转后的题目，回答此题的人数为150人（跳转前的题目为：是否参加政府提供的就业技能培训，回答是的继续作答此题，回答否的则不用回答此题，其中回答是的有151人，但在151人中有1人未定性生计策略类型，因此筛除，即回答此题的人数为150人）。

参加就业技能培训只是帮助农牧民迈出实现就业的第一步，由于农牧民自身的社会资本相对匮乏，要想解决农牧民的就业问题，政府还要尽可能做好后续的就业服务工作。由表7.34所示的调查结果可知，总体上无论哪种生计策略类型家庭的农牧民，其对政府在就业技能培训后的就业指导和引导工作的认可度不高，这也是后续政府为切实解决农牧民就业应该考虑和规划的问题之一。

表7.34 不同生计策略类型家庭的农牧民参加培训后政府是否会帮忙介绍工作的回答

生计类型	总样本(人)	有效回答(人)	有效回答率(%)	是(%)	否(%)
以牧业为主型	11	9	81.82	55.56	44.44
以农业为主型	37	31	83.78	54.84	45.16
以副业为主型	73	63	86.30	47.62	52.38
混合型	29	25	86.21	60.00	40.00

注：此题为跳转后的题目，回答此题的人数为150人（跳转前的题目为：是否参加政府提供的就业技能培训，回答是的继续作答此题，回答否的则不用回答此题，其中回答是的有151人，但在151人中有1人未定性生计策略类型，因此筛除，即回答此题的人数为150人）。

7.3 分析小结

7.3.1 对农牧民就业情况分析的小结

本章对农牧民整体就业情况的分析主要是以"是否有稳定工作""政府就业信息的提供情况""找工作的难易程度"及"工作是谁介绍的"这3个内容的整体调查结果来进行的。

首先,通过对农牧民就业基本情况的分析发现,被调查农牧民家庭成员有相对稳定工作的不多,且多数农牧民不容易找到工作。农牧民找工作主要是靠自己找和亲戚朋友介绍,通过政府部门介绍的很少。说明社会的组织程度较低,私人社会网络在人们的就业和生活中仍然发挥着重要的作用。由于农牧民自身和亲戚朋友的就业信息和渠道有限,又缺乏有效的社会支持,在某种程度上加大了找工作的难度,这也导致了农牧民不容易找到工作。调查发现,目前政府提供就业信息的方式和渠道比较传统,没有充分利用现代科技和网络,信息发布平台建设滞后等,影响农牧民对就业信息的获取及对就业市场的了解,进而影响农牧民的有效就业。

按不同生计策略类型家庭的农牧民有无稳定工作的情况来看,无论哪种生计策略类型家庭的农牧民无稳定工作的占比都很高,在4种生计策略类型中进行比较时,以牧业为主型家庭的农牧民就业情况最差,以副业为主型家庭的就业情况相对最好,但是也只有29.36%的就业而已。总体上无论哪种生计策略类型家庭的农牧民回答找工作不容易的占比都很高,在4种生计策略类型中进行比较时,以农业为主型家庭的和以牧业为主型家庭的农牧民认为找工作最难,这与他们较为单一的生产方式和就业技能不足有很大关系。混合型和以副业为主型的农牧民虽然情况好一些,但是仍有80%的认为找工作不容易,就业困难依旧很大。以农业为主型的认为就业困难的占比最多,这与其生计策略单一、缺乏技能、经验和社会阅历有一定关系。相比较而言,混合型和以副业为主型的因为其家庭的生计活动具有一定多样性,也具备了一定的就业经验、能力和社会阅历,对其就业也就会有一定的帮助。

对有稳定工作农牧民的调查了解到,政府部门的介绍不是农牧民获得就业的主要途径。农牧民基本上都是自己出去找工作,然后是依靠亲戚朋友的介绍,生计策略类型是以农业为主型、混合型和以副业为主型家庭的农牧民其就业基本是靠自己,然后很少一部分靠亲戚朋友,基本没有或者很少是依靠政府介绍就业的,也就是说,农牧民普遍缺乏社会资本对其就业的帮助,同时社会的组织程度较低,对农牧民的就业缺乏有力的组织保障和支撑。而且,有稳定工作的农牧民,除了以牧业为主型生计策略类型家庭的对政府提供的就业培训有一定的肯定外,生计策略类型以农业为主型、以副业为主型和混合型家庭的均有较大比例认为政府缺乏提供就业培训,尤其是以农业为主型的占比最高。说明政府的就业培训工作普及率不高,但是农牧民为了生存和发展有时需要接受培训,这个矛盾和问题是必须要规划和妥善解决的。

其次,通过对农牧民有无稳定工作的二元回归模型分析发现,年龄为 41～55 岁、受教育程度是初中以上到大专、对目前的经济收入状况不满意和从亲戚朋友那里得到的就业和技能培训信息这几个变量对农牧民有稳定工作具有显著影响,并且,被调查农牧民的年龄处于 41～55 岁阶段的与有稳定工作之间是负相关($B=-1.244$);被调查农牧民受教育程度是初中以上到大专的与有稳定工作之间是负相关($B=-1.747$);被调查农牧民对目前经济收入状况的不满意与有稳定工作之间是正相关($B=0.901$);被调查农牧民就业和技能培训信息是来自于亲戚朋友的与有稳定工作之间是负相关($B=-0.857$)。同时通过对以上 4 个要素分不同生计策略类型家庭的农牧民具体情况的基本统计描述分析进一步发现,整体上无论哪种生计类型,年龄在 41～55 岁这个阶段工作不稳定或不好找工作是普遍存在的。以牧业为主型、混合型和以副业为主型生计策略类型家庭的教育程度在初中以上到大专的农牧民不太好找稳定工作的要多一些,这与其就业期望值及传统生产生活方式有一定关系。以牧业为主型和以农业为主型的生计策略类型家庭的农牧民由于对经济收入增加的需要,加上就业技能偏弱和就业机会较少,可能会更希望有工作,一旦有机会找到工作,也会坚持下来。说明农牧民自身的社会网络结构对其就业和找到稳定工作没有帮助,而且由于其社会网络结构的质量及农牧民自身对信息的处理能力,尽管有就业信息,但是从工作性质上是短工之类的,或者信息本身就会有偏离。

最后,通过农牧民对子女就业期望的调查发现,整体上无论是哪种生计策略类型家庭,无论目前是否有稳定工作,农牧民都希望子女未来的工作是公务员的居多,农牧民对子女的就业态度体现了其对上学子女未来生计的某种期望,固定工作和稳定收入仍是农牧民认为最好的生计策略和生计结果。其次是自己喜好和做生意,希望子女帮家庭分担困难的很少(这与农牧民家长现在有相对稳定的工作有关)。无稳定工作的农牧民希望子女未来的工作是公务员的要高于有稳定工作的,且希望子女未来能帮家庭分担困难的占比要高于有稳定工作的。这些与无稳定工作的农牧民其工作不稳定,存在就业风险和对未来生活的担忧要高于有稳定工作的有关,希望通过子女的就业来改善其生计策略和生计结果。

7.3.2 对农牧民就业培训情况分析的小结

本章对农牧民培训现状和问题的分析主要是从"参加培训意愿""培训信息来源""政府提供就业技能培训情况""政府提供的培训效果"和"政府培训后是否介绍工作"等问题的调查展开。

总体上农牧民还是比较愿意学习新技能的，4 种生计策略类型中回答愿意学习新技能的按占有效回答比例的高低排序，依次分别为以副业为主型(76.57%)、以牧业为主型(73.33%)、混合型(59.76%)和以农业为主型(43.66%)。就业能力与技术水平对以副业为主型家庭的农牧民来说非常重要，其家庭收入来源的多样化也体现在就业上，因而其对新技能的学习主动性就高；由于长期从事牧业生产，技能单一，在新型城镇化背景下其生存发展面临的困难较大，因此以牧业为主型家庭的农牧民新技能学习意愿也较高；而以农业为主型家庭的农牧民由于现有从事农业种植和生产的技能获取需要长年的习得，也有较大的成本，不愿放弃，因此其学习新技能的意愿相对偏低。但是，在新型城镇化建设背景下，只有更好地通过技能学习，提高和完善技能水平，才能适应环境，社会化程度才能提高，才能更好地保障可持续生计。

农牧民尽管有参加技能培训的意愿，但是如果没有渠道或者很少能得到就业和技能培训的信息，或者这些信息来源的非权威性和有限性较大，对农牧民实现就业难以产生有效的积极影响。调查发现，总体上无论哪种生计策略类型家庭的农牧民，其得到就业和技能培训信息的频度都不高，即较少能得到就业和技能培训的信息。农牧民获得的就业和技能培训的信息途径比较分散，按总体占比的高低来说以来源于政府部门和亲戚朋友的较多，而自己去找的则相对较少，即农牧民自身获取信息的能力有限。但是从生计策略类型来看，信息主要来源于政府部门的混合型的最高(51.09%)，其次较高的依次为以牧业为主型(45.56%)和以副业为主型(45.41%)，而以农业为主型的最低(36.08%)；信息主要来源于亲戚朋友的以农业为主型的最高(39.24%)，其次较高的依次为以牧业为主型(36.67%)和混合型(28.26%)，以副业为主型的最低(25.12%)；信息主要是自己找的以副业为主型最高(29.47%)，其次依次为以农业为主型(24.68%)和混合型(20.65%)，以牧业为主型的最低(17.77%)。在此也说明，总体上以牧业为主型家庭的农牧民相对于其他 3 种生计策略类型，其自身就业和技能培训信息获取能力较弱的问题更突出一些，主要依靠政府和亲戚朋友。

无论哪种生计策略类型家庭的农牧民，认为政府没有提供就业技能培训的占比都较高。除了以牧业为主型家庭的农牧民一般居住地偏远，对外联系不便，存在一定的送训和参训困难外，其他 3 种生计策略类型家庭的农牧民其劳动生活的场所都应该便于培训的展开，说明政府相关部门在给农牧民提供就业技能培训工作方面还有待加强。

为了了解政府提供的培训对帮助农牧民学到技能和实现就业的效果，本研究从两个方面展开了调查分析，一是政府提供的培训对找工作的帮助情况；二是政府提供培训的效果。不同生计策略类型家庭的农牧民对政府提供的培训对其就业帮助情况的态度不一，以牧业为主型的认为有帮助最低；以副业为主型和混合型的认为有帮助的占有效回答的比例基本一致，分别为42.25%和42.85%；以农业为主型的对政府提供的培训给其就业带来帮助的认可度最高，占有效回答的75%。说明政府提供的培训在较大程度上能为农牧民实现就业起到切实作用，虽然以牧业为主型的认可度较低，但这与其地处偏远及参与市场能力较弱有一定关系。对政府培训效果的调查发现，目前农牧民对政府提供的培训比较突出的问题主要集中在3个方面：一是内容差不多、较重复；二是时间短、次数少、作用不大；三是不太符合需求。

参加就业技能培训只是帮助农牧民实现就业的第一步，由于农牧民自身的社会资本相对匮乏，要想解决农牧民的就业问题，政府还要尽可能做好后续的就业服务工作。由调查结果可知，总体上无论哪种生计策略类型家庭的农牧民，其对政府在就业技能培训后的就业指导和引导工作的认可度不高，这也是后续政府为切实解决农牧民就业应该考虑和规划的问题之一。

第 8 章 西藏农牧民生活满意度情况分析

农牧民对生活的满意情况直接反映了农牧民对其家庭目前生计策略类型下的生计结果的主观感受,即反映了家庭生计策略给农牧民带来的生活满意感受。因而本研究也从生活满意度这一角度分析了不用生计策略类型家庭的农牧民的主观评价,主要包括 3 个维度:对住房的满意度、对收入的满意度、对家庭生活质量和水平的满意度。

8.1 住房的满意度分析

8.1.1 对被调查对象的整体分析

由表 8.1 可知,在调查农牧民家庭住房满意度情况时,在 591 份回收问卷中有 577 人回答了该问题,有效样本率为 97.6%。在有效回答中满意的占 69%、不满意的仅占 6.2%、一般的占 24.8%。说明总体上农牧民家庭对住房条件是基本满意的,这与政府开展的住房安居工程有很大关系。

表 8.1 被调查农牧民家庭住房条件满意度情况

变量特征	调查样本(人)	回答样本(人)	有效样本率(%)	详细内容	回答样本数(人)	选项占有效回答百分比(%)
满意度	591	577	97.6	非常满意	76	13.2
				比较满意	322	55.8
				一般	143	24.8
				不太满意	32	5.5
				非常不满意	4	0.7

8.1.2 对不同生计策略类型家庭农牧民的分析

对不同生计策略类型家庭的农牧民住房条件满意度的基本情况分析，首先从 591 份问卷中筛选出回答了对住房条件满意度问题的问卷有 577 份，在 577 份中，能够确定生计策略类型的有 564 份，并依此进行了分析，结果如表 8.2 所示。

表 8.2　不同生计策略类型家庭的农牧民对住房条件满意度的基本情况

生计类型	总样本(人)	有效回答(人)	有效回答率(%)	非常满意(%)	比较满意(%)	一般(%)	不太满意(%)	很不满意(%)
以牧业为主型	97	97	100	11.34	60.82	26.81	1.03	0.00
以农业为主型	157	157	100	8.93	52.23	30.57	7.64	0.63
以副业为主型	217	217	100	15.67	56.68	20.28	6.45	0.92
混合型	93	93	100	15.05	59.14	21.51	3.22	1.08

结合表 8.2 可以看出，总体上明确表示对住房条件满意的混合型最高(占有效回答的 74.19%，其次依次为以副业为主型(72.35%)、以牧业为主型(72.16%)和以农业为主型(61.16%)，即以农业为主的生计策略类型家庭的农牧民对住房条件的满意度最低。但是，总体上各种生计策略类型家庭的农牧民回答均是以满意居多。

8.2　收入的满意度分析

8.2.1　对被调查对象的整体分析

收入是一个家庭保障和改善家庭生活的基本来源，对农牧民的生活满意度有着重要的影响。由表 8.3 可知，591 份回收问卷中有 580 份问卷回答了对家庭收入的满意度情况，该问题的有效样本率为 98.1%。在有效回答中，对收入满意的占 58.5%，略低于对住房的满意；回答不满意的占有效回答的 12.9%，高于对住房不满意的一倍；回答一般的占有效回答的 28.6%，略高于对住房的满意度。说明整体上农牧民对其家庭收入是相对满意的，但是满意度低于对住房的满意度。

表 8.3　被调查农牧民家庭收入满意度情况

变量特征	调查样本(人)	回答样本(人)	有效样本率(%)	详细内容	回答样本数(人)	选项占有效回答百分比(%)
满意度	591	580	98.1	非常满意	39	6.8
				比较满意	300	51.7
				一般	166	28.6
				不太满意	71	12.2
				非常不满意	4	0.7

8.2.2　对不同生计策略类型家庭农牧民的分析

对不同生计策略类型家庭的农牧民对收入满意度的基本情况的分析，首先从591份问卷中筛选出回答了对收入满意度问题的问卷有580份，在580份中，能够确定生计策略类型的有566份，并依此进行了分析，结果如表8.4所示。

表 8.4　不同生计策略类型家庭的农牧民对收入满意度的基本情况

生计类型	总样本(人)	有效回答(人)	有效回答率(%)	非常满意(%)	比较满意(%)	一般(%)	不太满意(%)	很不满意(%)
以牧业为主型	100	100	100	6	46	37	10	1
以农业为主型	159	159	100	5.66	45.28	31.45	17.61	0
以副业为主型	214	214	100	5.61	59.35	23.83	9.81	1.4
混合型	93	93	100	12.9	51.62	26.88	8.6	0

结合表 8.4 可以看出，总体上明确表示对收入满意的以副业为主型最高(占有效回答的 64.96%)，其次依次为混合型(64.52%)、以牧业为主型(52.00%)和以农业为主型(50.94%)，即以副业为主型的生计策略类型家庭的农牧民，其收入状况的满意度最高，而以农业为主型的生计策略类型家庭的农牧民的收入满意度最低。同时混合型生计策略类型家庭的农牧民的收入满意度要低于以副业为主型的生计策略类型家庭的农牧民，这与对住房的满意度情况刚好相反。

8.3　家庭生活质量和水平的满意度分析

8.3.1　对被调查对象的整体分析

对家庭生活质量和水平的满意度调查可以说是对农牧民生活满意度的一个较为宏观和总体的调查。如表 8.5 所示，在591份回收问卷中有583份回答了该问题，有效样本率为 98.6%。数据结果显示明确表示满意的占有效回答的 61.2%，不满意的占 6.0%，一般的占 32.8%，虽然整体上农牧民家庭对生活质量和水平的满意度还好，但是还可以有进一步的提高，因为有 32.8%的认为一般。整体上农牧民对家庭生活质量和水平的满意度情况要略高于对收入的满意度。

表 8.5　被调查农牧民对家庭生活质量和水平的满意度情况

变量特征	调查样本（人）	回答样本（人）	有效样本率（%）	详细内容	回答样本数（人）	选项占有效回答百分比(%)
满意度	591	583	98.6	很满意	47	8.0
				比较满意	310	53.2
				一般	191	32.8
				不太满意	33	5.7
				很不满意	2	0.3

8.3.2　对不同生计策略类型家庭农牧民的分析

对不同生计策略类型家庭的农牧民对生活质量和水平满意度的基本情况的分析，首先从 591 份问卷中筛选出回答了该问题的 583 份问卷，在 583 份中，能够确定生计策略类型的有 569 份，并依此进行了分析，结果如表 8.6 所示。

表 8.6　不同生计策略类型家庭的农牧民对生活质量和水平满意度的基本情况

生计类型	总样本（人）	有效回答（人）	有效回答率（%）	非常满意（%）	比较满意（%）	一般（%）	不太满意（%）	很不满意（%）
以牧业为主型	98	98	100.00	7.14	53.06	37.76	2.04	0.00
以农业为主型	159	159	100.00	6.29	47.80	38.36	6.92	0.63
以副业为主型	218	218	100.00	9.17	55.51	28.44	6.42	0.46
混合型	94	94	100.00	8.51	58.51	30.85	2.13	0.00

结合表 8.6 可以看出，总体上明确表示对生活质量和水平满意的混合型最高（占有效回答的 67.02%），其次依次为以副业为主型(64.68%)、以牧业为主型(60.20%)和以农业为主型(54.09%)，即以农业为主型的生计策略类型家庭的农牧民对生活质量和水平的满意度最低。

8.4 分析小结

本章通过农牧民对住房的满意度、对收入的满意度、对家庭生活质量和水平的满意度这 3 个维度对被调查农牧民和不同生计策略类型家庭农牧民的分析,以了解家庭生计策略给农牧民带来的生活满意感受,同时间接地考察了不同生计策略类型家庭的生计结果对农牧民生活满意度的影响。

从整体来看,被调查农牧民对生活质量和水平的满意度情况与对住房的满意度情况基本一致(有超过 60%的表示满意),不是很高;对收入的满意度情况要相对低一些。从不同生计策略类型来看,总体上混合型和以副业为主型生计策略类型家庭的农牧民的生活满意度较高,以牧业为主型生计策略类型家庭的农牧民的次之,对生活满意度最低的是以农业为主型生计策略类型家庭的农牧民。具体来说,混合型生计策略类型家庭的农牧民,其对住房的满意度和对生活质量与水平的满意度均为最高,对收入满意度最高的是以副业为主型生计策略类型家庭的农牧民,以牧业为主型生计策略类型家庭的农牧民对住房、收入和家庭生活质量与水平的满意度均较低(在 4 种类型中排第三位),以农业为主型生计策略类型家庭的农牧民对住房、收入和家庭生活质量与水平的满意度均为最低。

混合型和以副业为主型生计策略类型家庭的农牧民,由于其家庭生计活动的多样性,降低了其家庭面临风险的脆弱性,使得其家庭的生计结果水平要好于以牧业为主型和以农业为主型的农牧民家庭,因而这两类生计策略类型家庭的农牧民生活满意度较高,且高于以牧业为主型和以农业为主型的农牧民家庭;同时也说明以牧业为主型和以农业为主型生计策略类型的家庭,其生计活动单一,尤其是在城镇化进程中,部分农牧民可能会失去一些土地保障,再加上就业技能的缺乏和就业困难,其再社会化困难大,使得其生计活动结果难以有效保障,因而整体上生活满意度都不是很高。

第9章 主要结论与政策建议

9.1 主要结论

9.1.1 西藏新型城镇化建设的结论

1. 西藏与其他含藏区省份相比城镇化发展缓慢

城镇化发展是推动西藏经济社会健康发展的重要内容，新型城镇化的核心内涵是民生、可持续发展和质量，离开了人，经济的发展就没有任何意义。[266]所以西藏城镇化发展和新型城镇化建设的现状和问题以及特殊性等不仅对经济社会的建设和发展有着重要的影响，也会对农牧民的可持续生计与就业产生直接的影响。

城镇化水平标志着一个地区经济社会发展的程度和现代化建设的进程。[267]西藏与青海、甘肃、四川和云南等其他含藏区省份由于区域和地方经济社会发展条件和程度的不同，其城镇化发展和城镇化发展速度也处于不同的阶段和速度水平。[248]总体上，其他含藏区省份的城镇化发展程度虽然不及全国，但其城镇化发展总体水平和发展速度与全国的城镇化发展步调基本一致，而西藏的城镇化发展水平和发展速度均明显落后于其他含藏区省份和全国平均水平，城镇化发展缓慢。

2. 西藏城镇化发展受自然条件和经济发展的制约较大

西藏的城镇化发展因其区位因素、气候地理条件和经济社会发展的基础条件等自然经济社会发展等诸多方面与全国其他地区相比有着很大的特殊性。生态脆弱、高海拔及低温缺氧等是制约西藏城镇化发展的主要因素，自然条件的不均衡分布决定了西藏城镇化的不均衡发展，人文因素对西藏城镇化空间分布的影响主要表现在交通发展对交通线沿线的城镇发展的促进作用，西藏东南部海拔较低的谷地人口密度较高，也是城镇化发展较快的地区。[266]

3. 西藏新型城镇化建设要充分考虑五大特殊性

西藏走新型城镇化之路是西藏人民同全国人民一道全面建成小康社会的必由之路，推进新型城镇化给西藏带来了新的重大发展机遇，因为城镇化直接影响着西藏的民生改善和富民稳边，能使农牧民生活水平提高的城镇化就是西藏高质量的城镇化。西藏 2014 年发布的《西藏自治区新型城镇化规划(2014—2020 年)》中指出，要构建"一圈两翼三点两线"的城镇化空间格局。[260]全盘推动拉萨市、日喀则市、林芝市、昌都市、那曲市、噶尔县等地区的城镇化。

西藏的新型城镇化发展有着与内地截然不同的特殊自然区位基础、发展性质、发展动力、发展阶段和发展格局五大"特殊性"。①自然区位基础的特殊性。西藏生态环境十分脆弱，自然灾害极为严重，藏族人口集聚，民族文化底蕴深厚，文化传承价值巨大，不能过分强调人口等生产要素集聚，不能沿袭发达地区的被动式城镇化，不能建设类似内地的城市群，不能追求城镇化的均衡布局，不能追求城镇化的速度和水平。[245]②新型城镇化发展性质的特殊性。西藏的新型城镇化不是简单的人口城镇化，是旅游人口带动的城镇化；[261]受主体功能规划和开发强度控制，西藏的新型城镇化不是简单的土地城镇化；西藏的新型城镇化不是工业拉动的城镇化，而是服务业拉动的城镇化；西藏的新型城镇化不是追求速度的城镇化，而是以提升城镇化质量为核心的高原特色城镇化，是提升藏族农牧民生活水平的城镇化，是民族和谐型的城镇化，更是守土固边型的城镇化。③新型城镇化发展动力的特殊性。西藏的新型城镇化是投资拉动型的城镇化，是文化传承与旅游拉动型的城镇化，以及交通联动型的城镇化，是外力驱动型的城镇化。[33]④新型城镇化发展阶段的特殊性。由于受到历史、地理、经济发展水平、高原降效等因素的制约[268]，西藏的城镇化一直处于低位发展状态，经典的城镇化发展阶段性规律并不适用，这就是西藏城镇化发展阶段的特殊性。⑤新型城镇化发展格局的特殊性。西藏不仅城镇化发展水平低，而且城镇数量少，布局相当分散，间隔远，辐射带动能力弱。[244]

9.1.2 西藏新型城镇化建设背景下农牧民家庭可持续生计资本现状与影响因素

1. 劳动力总体人力资本含量不高

被调查西藏农牧民年龄虽然以 36～40 岁和 41～45 岁年龄段的居多，多为家庭的主要劳动力，但受教育程度普遍较低，文化素质相对较低，农牧民家庭主要劳动力和成员的自我学习技能和掌握新技术等的能力也会因此而受到影响，这些对农牧民家庭生计资本的积累、生计风险的防范和应对，以及生计策略的选择等都会产生很大的影响。

2. 4 种生计策略类型农牧民家庭生计特征明显不同

本研究按被调查农牧民家庭各种生计活动收入占家庭总收入来源的比重来

将农牧民家庭生计策略类型细分为 4 种：以牧业为主型、以农业为主型、以副业为主型和混合型。通过对其生计特征进行分类可知，以牧业为主型的主要生计活动就是畜牧养殖业，一般非牧业活动较少，有少量的种植、采集、副业等活动；以农业为主型的主要生计活动就是种植业和采集业，同时也有养殖业和副业的生计活动；以副业为主型的主要生计活动是副业和工资性收入；混合型的生计活动主要是种植业、养殖业、副业和工资性收入，有少量的采集业，生计活动具有多样性。

3. 不同生计策略类型其生计资本总指数差异明显

西藏以牧业为主型、以农业为主型、以副业为主型和混合型生计策略类型农牧民家庭的生计资本指数中以副业为主型的资本总指数最高，其次是以农业为主型和混合型，以牧业为主型的资本总指数最低。从生计资本含量的可持续性来讲，由高到低分别为以副业为主型、以农业为主型、混合型和以牧业为主型，即以副业为主型的生计策略类型的生计可持续性最高，而以牧业为主型的生计策略类型的生计可持续性最低，并且，不同生计策略类型的可持续生计资本总指数从大到小依次分别为人力资本总指数、自然资本总指数、社会资本总指数、金融资本总指数和物质资本总指数，即人力资本总指数最高，物质资本总指数最低。[269]

以上说明，西藏新型城镇化背景下农牧民家庭的生计策略如果是以牧业为主型的，则其生计策略的风险性相对就高一些，如果要提高其生计策略的可持续性，则可以考虑改变单一的生计活动，促进生计活动的多元化。例如，可以向生计资本最高的混合型转化，或者增加部分其他生计活动改善家庭生活质量，向生计活动的多样化改变，以具备较高的风险防范能力，增加家庭各项可持续生计资本的含量，促进家庭的可持续发展。

4. 可持续生计资本对不同生计策略类型的影响不同

可持续生计资本对不同生计策略类型的影响不同。①对以牧业为主型的生计策略类型来说，人力资本、自然资本和社会资本对以牧业为主型生计策略具有显著影响，且人力资本的增加会降低对以牧业为主型生计策略类型的选择；自然资本的增加会增加以牧业为主型生计策略的选择；社会资本的增加会增加以牧业为主型生计策略的选择，而物质资本和金融资本对以牧业为主型的生计策略没有显著影响。②对以农业为主型的生计策略类型来说，物质资本的增加会降低对以农业为主型生计策略类型的选择；金融资本的增加会降低以农业为主型生计策略的选择，此外人力资本、自然资本和社会资本对以农业为主型的生计策略没有显著影响。③对以副业为主型的生计策略类型来说，自然资本的增加会降低对以副业为主型生计策略类型的选择，此外，人力资本、物质资本、金融资本和社会资本对以副业为主型的生计策略没有显著影响。④对混合型生计策略类型来说,物质资本对混合型生计策略具有显著影响,物质资本的增加会增加对混合型生计策略类型的选择,此外,人力资本、自然资本、金融资本和社会资本对混合型生计策略没有显著影响。

5. 不同生计策略类型生计的优化依赖的生计资本不同

由于成功生计的建立一般开始于对某种特殊资本的拥有,生计资本之间可以相互替代和转化,如果以生计资本总指数最高的以副业为主型的生计策略为参照,对于不同生计策略类型生计的优化,依赖的生计资本各不相同。当以副业为主型的生计策略为参照时:①人力资本、自然资本和社会资本对于农牧民家庭以牧业为主型的生计策略的选择有显著影响。相对于以副业为主型的生计策略,人力资本的增加能显著地降低以牧业为主型生计策略的选择概率,自然资本的增加能够显著地增加以牧业为主型生计策略的选择概率,社会资本的增加能够显著地增加以牧业为主型的生计策略的选择概率,此外,物质资本和金融资本对以牧业为主型的生计策略没有显著影响。②自然资本和物质资本对于农牧民家庭以农业为主型的生计策略的选择有显著影响。相对于以副业为主型的生计策略,自然资本的增加能够显著地增加以农业为主型的生计策略的选择概率,物质资本的增加能够显著地增加以农业为主型生计策略的选择概率,此外,人力资本、金融资本和社会资本对以农业为主型的生计策略没有显著影响。③物质资本对于农牧民家庭混合型生计策略的选择有显著影响。相对于以副业为主型的生计策略,物质资本的增加能够显著地增加混合型生计策略的选择概率,此外,人力资本、自然资本、金融资本和社会资本对混合型生计策略没有明显的影响。[103]

9.1.3 西藏新型城镇化建设背景下农牧民就业现状与问题

1. 农牧民整体就业困难且获得就业信息渠道单一

农牧民就业存在较大困难,找工作很不容易。农牧民就业渠道单一,主要是靠自己找和亲戚朋友介绍,通过政府部门介绍的很少。说明社会的组织程度较低,私人社会网络在人们的就业和生活中仍然发挥着重要的作用。[270]由于农牧民自身和亲戚朋友的就业信息和渠道有限,又缺乏有效的社会支持,在某种程度上加大了找工作的难度,这也导致了农牧民不容易找到工作。目前政府部门提供就业信息的方式和渠道比较传统,基本靠通知,没有充分利用现代科技和网络,信息发布平台建设滞后等,影响农牧民对就业信息的获取以及对就业市场的了解,会对就业产生一定的负面影响。

2. 生计活动单一的生计策略类型家庭农牧民就业困难大

在4种生计策略类型中进行比较时，混合型和以副业为主型生计策略类型的农牧民家庭成员回答就业情况稍好一些，但是以农业为主型的和以牧业为主型的找工作最难，由于其较为单一的生计活动和就业技能不足，再加上缺乏经验和社会阅历，就业困难大。以农业为主型和以牧业为主型的农牧民家庭的生计活动长期来说比较单一，其家庭成员也很适应生产生活凡事相对单一的模式，所以长期以来除了农闲，外出打工就业很少，即使有也是简单的劳力工作；加上农牧民自身的文化和受教育程度不高，即使有短期工作或有一定工作经验，由于自身文化素质和技能水平偏低，也很难找到工作。

3. 农牧民就业渠道有限，政府部门提供的组织保障和就业帮扶需不断完善

政府部门介绍就业不是农牧民就业的主要途径，农牧民基本上都是自己出去找工作，其次是依靠亲戚朋友的介绍。以农业为主型、混合型和以副业为主型生计策略类型家庭的农牧民其就业基本是靠自己，很少一部分靠亲戚朋友，基本没有或很少依靠政府部门的介绍，也就是说，农牧民普遍缺乏社会资本对其就业的帮助，同时社会的组织程度较低，对农牧民的就业缺乏有力的组织保障和支撑。

4. 年龄、受教育程度、经济收入和信息是影响农牧民稳定就业的主要因素

研究发现，农牧民年龄为41~55岁、受教育程度是初中以上到大专、对目前的经济收入状况不满意和从亲戚朋友那里得到的就业和技能培训信息这几个变量对农牧民有稳定工作具有显著影响。年龄较大的不容易就业；教育程度是初中到大专的就业有一定困难(后续调查发现，虽然这类受教育程度的农牧民有一定的文化素质，但难以就业这种情况可能是由于其对就业的期望较高，而实际能力又不能满足市场需求有关)；农牧民对经济收入的需求导致其就业的态度和结果；农牧民就业和技能培训信息是来自于亲戚朋友的很难找到稳定的工作。

5. 就业的稳定性是农牧民对子女就业的普遍期望

无论是哪种生计策略类型家庭，无论目前是否有稳定的工作，农牧民都希望子女未来的工作是公务员的居多，农牧民对子女的就业态度体现了其对上学子女未来生计的某种期望，固定工作和稳定收入仍是农牧民认为最好的生计策略和生计结果。无稳定工作的农牧民希望子女未来的工作是公务员的要高于有稳定工作的，且希望子女未来能帮家庭分担困难的占比要高于有稳定工作的。这些与无稳定工作的农牧民其工作不稳定，存在就业风险和未来生活的担忧要高于有稳定工作的有关，希望通过子女的就业来改善其生计策略和生计结果。

9.1.4 西藏新型城镇化建设背景下农牧民培训现状与问题

1. 农牧民学习新技能的意愿普遍较高

农牧民普遍愿意学习新技能。就业能力与技术水平对以副业为主型家庭的农牧民来说非常重要,其家庭收入来源的多样化也体现在就业上,因而其对新技能的学习主动性就高;由于长期从事牧业生产,技能单一,在新型城镇化背景下其生存发展面临的困难较大,因此以牧业为主型家庭的农牧民新技能学习意愿也较高;而以农业为主型家庭的农牧民由于现有从事农业种植和生产的技能获取需要长年的习得,也需要较大的成本,不愿放弃,因此其学习新技能的意愿相对偏低。但是,在新型城镇化建设背景下,只有更好地通过技能学习,提高和完善技能水平,才能适应环境,社会化程度才能提高,才能更好地保障可持续生计。

2. 农牧民获取就业技能培训信息渠道狭窄且信息量少

农牧民尽管有参加技能培训的意愿,但是如果没有渠道或者很少能得到就业技能培训的信息,或者这些信息来源的非权威性和有限性较大,对农牧民实现就业也难以产生有效且积极的影响。总体上无论哪种生计策略类型家庭的农牧民,都较少能得到就业技能培训的信息。农牧民获得就业技能培训信息的来源以政府部门和亲戚朋友的较多,而自己去找的则相对较少,即农牧民自身获取信息的能力有限。尤其是以牧业为主型家庭的农牧民相对于其他3种生计策略类型家庭,其自身就业技能培训信息获取能力较弱的问题更突出。

3. 政府提供的就业技能培训效果难以满足农牧民的就业需求

对政府培训效果的调查发现,被调查农牧民认为政府提供的培训比较突出的问题主要集中在 3 个方面:一是内容差不多,较重复;二是时间短,次数少,作用不大;三是不太符合需求。政府培训的效果和质量是提高农牧民就业的保障之一,农牧民由于其人力资本和社会资本的缺乏,主要依靠政府的帮扶来解决就业,如果对农牧民的就业培训效果和质量难以保证,农牧民的就业问题也将难以改善。

9.1.5 西藏新型城镇化建设背景下农牧民生活满意度现状与问题

1. 农牧民普遍对住房满意度较好,对收入满意度不高

从整体来看,农牧民对收入的满意度要低于对生活质量和水平与对住房的满意度。收入是农牧民用于发展生产、改善生活质量的重要基础,农牧民普遍对收入不满意主要是由于其家庭目前的生计活动带来的收入难以满足发展生产和改善生活的需要。对住房的满意度较好主要是由于西藏自治区的住房安居工程，通过政府在资金和政策上的大力投入，在很大程度上改善了农牧民的住房条件，也可以说，政府通过政策和资金投入减轻并改善了农牧民面临的住房投入风险情况。

2. 生计活动的单一性影响农牧民生活满意度的提高

从不同生计策略类型来看，总体上混合型和以副业为主型生计策略类型家庭的农牧民的生活满意度较高，以牧业为主型和以农业为主型的生计策略类型家庭的农牧民生活满意度较低。混合型和以副业为主型生计策略类型的农牧民家庭，由于其家庭生计活动的多样性，降低了其家庭面临风险的脆弱性，使得其家庭的生计结果水平要好于以牧业为主型和以农业为主型的农牧民家庭，因此这两类生计策略类型家庭的农牧民生活满意度较高，且高于以牧业为主型和以农业为主型的农牧民家庭；同时也说明以牧业为主型和以农业为主型生计策略类型的家庭，其生计活动单一，尤其是在城镇化进程中，部分农牧民可能会失去一些土地保障，再加上就业技能的缺乏和就业困难，其再社会化困难大，使得其生计活动结果难以有效保障，因而整体上家庭成员生活满意度都不是很高。

9.2 政策建议

9.2.1 西藏新型城镇化建设与农牧民可持续生计协调发展的建议

1. 协调城乡发展，稳步推进新型城镇化进程

以《国家新型城镇化规划(2014—2020 年)》的政策导向为依据，以当前农牧民的城镇化意愿为基础，加快发展小城镇，提升小城镇质量，因势利导农牧民向小城镇迁移的同时要关注农牧民生计的可持续性，为农牧民生计资本的提升和生计活动由单一向多样化的转型提供有力的政策保障。[271]作为城镇化的一种新模式，就地城镇化的推进为农村的发展注入了新的活力，成为缩小城乡差距的创新之举。农牧民家庭生计方式的转型将对未来城镇化过程中实现农牧民的可持续生计发挥至为关键的作用。第一，由于从事农业生产家庭的减少与农户生产方式的多向发展，因此要加强新型职业农牧民培育，以提高农牧民在就地城镇化过程中的竞争力；第二，转变农牧业发展方式，大力发展现代农牧业，实现农牧业助推就地城镇化；第三，全面提高农牧民综合素质，从而实现农牧民有效的社会融入；第四，加大对农牧区的基础设施、医疗与社会保障投入力度，实现农牧民生计发展的可持续性。[272]

2. 健全完善社会保障制度，增强农牧民的生存保障[273]

农牧民在新型城镇化背景下，由于家庭拥有的生计资本不能满足抵御和应对外界条件的变化，生计脆弱性较强，一些家庭可能还会因为高脆弱性导致贫困，尤其是以牧业为主型和以农业为主型的生计活动较为单一的农牧户，他们难以依靠自身的资本与能力提高家庭生活质量，因此政府和各类组织的介入、支持和帮助就必不可少，可以通过完善社会保障制度，针对这类群体展开相应的社会服务等，提高其生计资本存量，帮助其获得保障和改善生活质量的资本与能力。目前，由于城乡二元结构制度依然存在、政府部门职责存在一定的错配与缺失、农牧民的自身素质存在问题等，使得城镇化背景下农牧民社会保障制度仍有待完善。因此首先要在制度建设上消除城乡二元结构，保证农牧民尽快融入新型城镇化发展，与城镇居民享有平等的权利；明确政府的主体责任，化解职责错配与缺失；重视对农牧民的教育与培训，提高其自身素质。[274]采取有效措施和保障机制来开展农牧民就业和技能培训、推进基本公共服务均等化、创新农村经济组织等，全面保障农牧民权益。[275]

3. 深化改革，加快农村经济社会转型

农村经济社会转型是推进新型城镇化、破除城乡二元结构、改善农村居民生产生活方式、缩小城乡差距、逐步实现城乡居民共享社会发展成果的根本途径。加快农牧区社区基础设施的建设，加大农村剩余劳动力向非农就业的转移力度，引导农户自主就业和创业，推进农牧区社区特色产业的发展，发展现代农牧业和特色农牧业，拓宽农牧民的就业渠道和市场参与的机会，提高农户家庭收入，做好新型农牧区社区建设后的社区管理工作等，这些都是在新型城镇化背景下农牧民生计策略转型的基础，也是只有在农村经济社会转型的基础上才能实现的。[276]

9.2.2 改善农牧民家庭生计资本和促进农牧民家庭生计策略优化的建议

1. 增加以非农活动为方向的生计多样化

以非农活动为主的生计多样化能确保收入增长和生活水平的提高，同时也降低了单一生计活动的脆弱性和风险。[277]在农牧活动中引入非农活动，能够实现家庭内部经济的良性循环，因为来自非农活动的收入能支持农业生产和牲畜养殖，而农牧业生产又能为其他家庭成员(如老人、妇女和儿童)提供基本生活保障和就业岗位，而该策略的实现要以人力资本质量的提升和金融资本的投入为条件。此外，还有许多不利因素也阻碍西藏农牧民家庭以非农为主的生计多样化。第三产业不发

达、城乡分割的二元管理体制，包括户籍制度、就业制度、社保制度等没有从根本上得到改变，城乡一体的劳动力市场尚未建立等。虽然，受过相对更高教育的农牧民往往更容易找到非农就业的机会和把握劳动力市场的信息，向非农转移或迁移的可能性更大，但西藏有较高文化水平和技能的劳动力总体上还很缺乏。[103]

2. 提高农牧区基础教育和基本健康服务的公共投资质量

人力资本是地区经济发展的基础，也是农牧民家庭生产生活发展与改善的重要资本之一，且人力资本的提升在很大程度上能增加社会资本和物质资本、物质资本和金融资本的存量，因而综合考虑西藏农牧民家庭成员人力资本的提高会大大改变其原有的生活质量。所以要重视农牧民人力资本投资，加大改善农牧民人力资本的投入，从可行能力入手，通过增强农牧民的可行能力就能提高其劳动生产率。对西藏农牧区而言，基础教育与健康服务是关键，虽然中央和地方财政对藏区农牧民的教育和健康服务投资量巨大，但是与发达地区农村相比，西藏农牧区的基层教育和健康服务质量较差、服务资源利用率不高。因此，从长期来看，加大农牧区的基础教育和健康服务利用率，提高服务质量，改善农牧民人力资源状况，增加其人力资本含量，是构建农牧民家庭可持续生计的基础。

3. 重视农牧民社会资本存量建设

西藏农牧民增收受到地域条件、制度性原因、非农化、社会化等外部因素和自身发展能力等内在因素的影响。社会资本不仅对农牧民增收具有直接作用，还可以提高其信息获取能力、新技术获取能力、信贷能力、政治参与能力和抗风险能力，进而促进增收，即社会资本是提高农牧民发展能力，促进地区发展的重要力量。这是由于较高的社会资本意味着农牧民具有更广阔的交际圈和更丰富的社会资源，可以获取更多的教育、培训和交流的机会，有助于提高个体获取信息和新技术的能力，使农牧民的人力资本存量得以提高，从而对农牧民就业机会、薪资水平、职位性质等产生影响，进而影响农牧民收入。在提高农牧民社会资本存量方面，从农牧民的角度出发，应不断地提高自身的文化素质，通过参加农牧民合作社等合作组织，拓宽其社会关系网，增强群体之间的了解与信任，增加农牧民社会资本存量；从政府的角度出发，要加强教育力度，提高农牧民受教育水平，加强社会活动的组织，建立经济合作组织、互助组和互助社等，为农牧民提供更多参与社团和拓宽社会网络结构的机会。[182]

4. 加大教育性人力资本投入促进社会流动

不同的社会地位拥有不同的社会资源，社会流动是社会资源的再分配，是个人通过自己社会地位的变化来改变原有的社会资源的分配状况，努力获得更多、更高、更满意的社会资源。为了获取更多的社会资源，就要求社会成员具有较高的受教育水平。人力资本通过职业选择和就业能力影响社会流动，从而增强了个体谋取生计的能力。通过教育性人力资本的投资，有助于农牧民完成职业的非农转换，实现社会垂直流动，增强其谋生能力，也可以减轻该生态脆弱区的人口压力。以职业转换为表现的社会流动使得农牧民在面临生存环境改变时有足够的能力抵御风险，实现生计的可持续性。[103]

5. 从政府层面加强金融资本供给，提高农牧民金融资本存量

从政府层面加强对农牧民金融资本的供给，除了必要的补贴和生态补偿等增加农牧民金融资本的收入以外，还要与金融机构一起改善贷款环境和优化贷款程序，方便农牧民信贷。政府要针对目前农牧民对各种金融服务信息的不了解、贷款难和害怕贷款等实际困难和问题出发，巩固完善、改进和出台相应政策，督促金融机构建立针对农牧民可持续发展所需的完备的信贷体系，从而使农牧民有效地获取信息，减少信贷约束；还应该针对城镇近郊、农区、牧区等不同地区的具体情况，创新信贷方式，广泛宣传，增加农牧民的信贷知识和意识，提高对农村信贷的满足度。[182]

6. 完善社会保障机制，降低农牧民的抵御风险的脆弱性

增加社会保险对农牧民的普惠机制，增强其抵御风险的能力，降低其生存脆弱性。无论来自哪种生计策略家庭，农牧民家庭普遍生计资本总量都不高，再加上对于多种资本贫乏的农牧民，由于其年老体弱、文化程度低下等原因，缺乏改善生计的能力，或者不愿冒改变生计策略的风险，因此大都愿意维持现状而不愿进行生计策略的改变来改善自己的生计。[103]社会保障体系和完善机制的建立，对农牧民生计的可持续性有重要影响，完善社会保障机制并将其纳入当地的社会保障系统，维持最低生活标准，切实保护这些生计脆弱性人群，既是社会公正的体现，也是政府职责所在。

9.2.3 促进农牧民就业和完善农牧民就业技能培训体制的建议

随着新型城镇化的不断发展，农牧民劳动力向城镇转移已成为一种不可逆转的必然趋势。在新型城镇化背景下积极引导农牧民的择业取向是实现农牧民劳动力转移和充分就业，确保西藏经济社会协调、稳定发展的重要因素之一。而农牧民的科学文化素质和能力，工作期望，家庭经济与人口情况，自身婚姻、年龄、性别情况，地区就业空间，政策法规等都是影响农牧民实现就业的重要因素，尤其素质和能力是首要因素。因此，转变农牧民择业观念，积极引导农牧民的择业

取向，提高农牧民的就业技能，重视农牧民职业技能培训，提高其在劳动力市场上的竞争力；大力招商引资，鼓励和支持中小企业、非公有制经济发展以创造就业岗位等都是促进农牧民实现就业的有效途径。

1. 大力发展西藏农牧地区的教育事业

西藏新型城镇化建设实际上就是实现人的全面发展的过程，应该把人的全面发展放在首位。教育落后是西藏经济落后的根本性或者基础性的因素。提高西藏农牧民的人力资本存量，特别要增加对基础教育的投资与投入。由于义务教育具有较强的公共物品特性，因此，应重视农村的基础教育，巩固政府对农村义务教育投资主体地位；同时可以建立健全多元化的基础教育办学模式，多渠道筹集教育基金，不断改善基础教育的办学条件，提高农牧民受教育程度，为提高农牧民科学文化素质和缩小贫富差距打下基础，更好地推广农牧业科技和开展技能培训，对当地农牧业的产业化、特殊资源产业化等经济发展，都有一定的帮助。[278]

2. 转变农牧民择业观念，结合市场和农牧民需求开展多种形式和内容的就业技能培训，建立完善的农牧民技能教育培训体系[278]

在转变农牧民择业观念方面，可以通过各种媒体开展宣传，充分运用新媒体(微博和微信平台等)的亲民优势，促使农牧民树立市场就业的观念，增强创业意识，激发农牧民自主创业的积极性，鼓励在政策的扶持下自谋职业，从事短期和临时性就业、非全日制就业、劳务派遣就业或项目服务等灵活多样的多层次就业。[267]

西藏农牧民受教育程度低，缺乏必要的劳动技能，职业技能培训是提高转移农牧民就业能力和竞争力的重要手段。应重视发展多层次、多类别的引导性职业技能培训；扩大培训对象，尤其是针对农村妇女、年轻人和毕业返回农村的学生；转变培训方式，主要包括进行有组织的，多元化的，符合农牧民个人实际和需求的培训；[279]丰富培训内容，保证技能培训的实用性，增加民族特色手工艺技能项目培训(如唐卡绘画、藏绣、民族工艺品制作等)，并提供相应的培训证书。可以由各级政府主导，由企事业单位或个人参与，在农村建立就业培训体系，使广大农牧民掌握必要的基本职业技术技能；建立技能培训辅助体系，采取定向培训的模式，培训与就业相结合，以期培训取得好的社会效益和经济效益，逐步建立起一个适应需求、服务农牧民、灵活高效的农牧民技能教育培训体系。[278]

3. 以扩大就业为导向，大力发展第三产业，抓好城镇经济发展

在当前西藏经济主要依靠投资拉动的情况下，在注重经济效益的同时，必须十分注意提高投资的社会效益，使项目投资与创造就业岗位、增加农牧民收入挂

钩。围绕结构调整，注重培育经济和就业的共同增长点，努力在同量资金、技术装备条件下容纳更多的劳动力。积极培育新型特色农牧产业，发展劳动密集型企业的同时，大力发展第三产业，支持、鼓励和引导私营、个体企业兴办服务业，充分发挥其活跃市场、增加就业方面的作用。[267]结合各地优势，把农村个体私营企业的发展重点转向农产品加工以及客货运输、旅游产品生产、旅游餐饮服务等领域，努力做强做大农村企业，使更多的农村劳动力能够转入到企业生产经营中，[280]通过发展和培育新的经济增长点，努力为农牧民创造更多的就业岗位。同时，政府要想方设法提供更多的公益性岗位，安排那些确实无法通过自身实力实现就业的特困群体，以确保社会和谐与稳定。[278]

4. 积极招商引资，大力发展特色产业，创造农牧民就业岗位

西藏要促进农牧民实现充分就业，应依托资源优势，积极招商引资，大力发展特色产业，依托劳动力价格低廉的比较优势，大力发展劳动密集型的中小企业和非公有制经济；在中小企业发展方面，对有市场前景的传统劳动密集型产业，在技术、产品、企业组织和体制上进行创新，将其做大、做新、做强、做出特色；加强管理、开拓市场，协同大企业建立协作配套关系，拓宽融资渠道，支持技术改造，建立中小企业服务体系；在个体私营经济发展方面，为其创造平等的机会和良好的发展环境，包括降低市场准入条件等；提供融资渠道和方便的金融服务；使之能够公平地获得包括土地和信息在内的生产性资本，获得利用公共基础设施(如电力、通信权利等)，获得包括教育、培训在内的广泛的社会服务。[267]

5. 健全城乡一体化劳动力市场的信息网络，加强对农牧民的就业指导工作

由于西藏经济社会发展水平相对较低等因素，劳动力供求信息在城乡之间、地区之间沟通不够，对信息的采集、处理和传递缺乏专门机构和现代化手段，农牧民寻求非农就业机会以自发和无序状态为主。今后应针对农牧民的实际情况和市场需求建立健全城乡一体化的劳动力供求信息网络。增加投入，加强城乡沟通的劳动力市场的硬件、软件建设，特别是要明确包括劳动部门在内的其他相关部门，在就业信息收集、传送、接收及反馈等环节中的职责和义务，积极发动各方力量，培育劳动力中介组织，如职业介绍所等各种就业服务体系，并加强监管，逐步形成能够覆盖城乡的劳动力供求信息网络，创造有利于农牧民就业的机制和环境。[281]

政府应尽快建立和规范农牧民剩余劳动力转移的就业指导机构。对转移到城镇的农牧民提供职业培训、就业指导、劳务输出、统筹协调等全方位的服务。根据劳动力供求信息网络，适时掌握各地区劳动力与各个岗位的供求信息及动态变化，以便农牧民技能培训有针对性，提高劳动力转移效果。政府要协助建立以市

场为导向，以订单、定向、定岗培训为重点的培训机制，使得农牧民转移之前能针对不同行业、不同工种、不同岗位进行对口技能培训；当顺利转移之后，政府还应与农牧民的就业单位共同合作，做好后续跟踪服务工作，如维权与技能再培训等相关工作与服务。[282]

6. 优化整合教育和科技服务资源，建立职业培训网络，提高有关院校和乡镇县科技服务站参与农牧民培训的积极性

西藏在教育培训资源相对不足的情况下，应充分利用现有劳动力培训资源，建立以职业技术学校为主体、各乡镇县科技服务站等为补充的职业培训网络。[283]在充分发挥已经建立的促进就业培训基地和农村劳动力转移培训基地的作用的同时，进一步鼓励和扶持中职中技等职业学校和乡镇县科技服务站等机构的发展建设，并运用其资源和优势，积极参与农牧民的教育和培训，围绕农牧民就业需要，积极与政府有关部门配合，实行灵活多样的教学与培训模式。农牧民可以针对自身对知识技能的承接能力和需求选择到中职中技等职业学校和乡镇县科技服务站学习和培训。[279]将定期教育与短期培训相结合并以短期培训为主、将专业知识培训与单项技能培训相结合并以单项技能培训为主，把教育教学与生产实践、社会服务、技术推广结合起来，提高农牧民科技素质和劳动技能，从而提升农牧民劳动力转移培训的效果，促进农牧民顺利就业。[281]

9.2.4 对提高农牧民总体生活满意度的建议[284]

西藏农牧民在新型城镇化背景下的生活满意度问题涉及其生产和生活的各个方面。[279]农牧民不仅面临着自身素质障碍，还面临着制度性障碍。因此，需要政府积极发挥行政主导作用，通过制度创新，改善新型城镇化背景下农牧民可持续生计资本现状和风险抵抗能力，减少农牧民的生计脆弱性；依托有效载体，改善农牧民再社会化环境；加强教育和培训，提高农牧民的可持续发展能力。

1. 通过制度创新，改善农牧民的可持续发展条件

一是通过劳动就业制度方面的改革和创新，改善农牧民的就业环境。农牧民融入城市城镇的过程中，经济条件往往具有决定性的作用。因此要保证农牧民在城市和城镇中拥有相对稳定的职业，一方面要实行市场化的就业机制，保障农牧民与市民享有平等的就业机会；[284]对符合条件的失地农牧民，享受与城镇居民同等的就业援助政策，给予重点就业帮扶；给予一定的优惠政策，鼓励农牧民自主创业。另一方面要多渠道促进农牧民就业，就近发展产业，尽力吸纳农牧民就近就业；重视利用社区就业渠道，提高社区就业份额。[285]

二是通过建立和完善农牧民的社会保障体系，改善失地农牧民的生活风险环境。[284]新型城镇化政策背景下，一部分农牧民是被动城镇化的群体，其风险应该由政府来承担。政府有责任向他们提供最低生活保障，为他们办理基本养老、基本医疗、失业保险等，对困难户要提供廉租住房、教育减免、救济帮助等救助待遇，促使他们消除对未来生活的担忧。[285]

三是通过完善基层管理体制，改善基础设施建设和居住环境。政府要加强基层管理组织的建设和监管力度，同时加大财政投入，改善交通、水、电等与生产生活密切相关的基础设施建设，完善社区服务的硬件建设，使其真正成为设施齐全、功能完备、环境友好、各具特色的现代文明社区。[285]

2. 依托有效载体，改善农牧民再社会化环境

加强社区建设，创造有利于农牧民观念转变的社会环境。社区对人发展的影响是综合性的，它不仅为社区成员提供职业类型和劳动、生活的方式，而且为社区成员提供相应的价值观念、行为规范和道德法律准则，社区生活的这种特征使得社区成员必须按照规定的模式和法则去行事。农牧民原来建立在血缘和地缘上的生活保障网，由于难以适应城市和城镇发展的要求，在心理上难免会产生焦虑不安和失落感，而且其思想意识、文化观念、生活方式等还深受传统社会的影响。只有通过社区建设，通过邻里之间的互动和居民之间的互相关心和信任，培育和养成城镇发展所需要的思想感情、生活习惯和工作能力，才能帮助他们更快地适应和融入变化的生活。[286]

3. 加强教育和培训，提高农牧民的可持续发展能力[286]

农牧民在社会地位和经济地位重要的决定因素之一是人力资本，这是由基础教育和职业培训所决定的。因而提高农牧民自身科学文化素质、增强农牧民就业竞争能力，是改善其生活满意度的有效措施。[286]

一是加强农村的基础教育，提高农村人口的整体文化科技素质。农村基础教育是提高农牧民文化科技素质的根本途径。没有一定的教育文化水平，农牧民就没有能力、没有办法脱离农业、农村，实现自身职业转化。[287]因此要从基础教育抓起，为农牧民将来能够更好地适应社会的发展，打下坚实的文化基础。[284]

二是加强对农牧民的职业培训，增强农牧民自身的市场竞争能力。政府有关部门应根据失地农牧民文化层次差异、居住情况等特点，有计划、有组织地使失地农牧民都能接受职业培训，从而掌握一门以上的实用技术，提高他们进入市场参与就业竞争的能力，并为农牧民职业培训提供资金保障，从而促进农牧民增加收入，提高生活满意度。[284]

参 考 文 献

[1] 新华社. 中共中央关于全面深化改革若干重大问题的决定[J]. 求是, 2013(22): 5-20.

[2] 王习农. 树立改革开放新思维推动新疆开放型经济发展[J]. 实事求是, 2013(03): 45-47.

[3] 谭学良. 我国县域公共就业服务的碎片化及其整体性治理[D]. 武汉: 华中师范大学, 2014.

[4] 吴小狼, 杨智雯, 郝佳惠, 等. 新生代农民工城镇化深度发展问题研究[J]. 商业经济, 2014(13): 20-21.

[5] 苏萍. 传统城镇化之弊与新型城镇化之路[J]. 现代经济信息, 2016(24): 14-15.

[6] 张志军. 实施就业优先战略推动实施更高质量就业[J]. 劳动保障世界, 2013(02): 6-7.

[7] 新华社. 中共中央关于全面深化改革若干重大问题的决定[N]. 人民日报, 2013-11-16.

[8] 杨瑛, 李同升, 牛西平. 基于指数评价法的县级城市主体功能区划分研究——以山西省河津市为例[J]. 生态经济, 2011(07): 65-67.

[9] 王忠福. 城市居民旅游环境影响与社会文化影响感知问卷量表的开发[J]. 管理评论, 2011(08): 36-45.

[10] 单卓然, 黄亚平. "新型城镇化"概念内涵、目标内容、规划策略及认知误区解析[J]. 城市规划学刊, 2013(02): 17.

[11] 熊辉, 李智超. 论新时期中国特色城镇化思想[J]. 马克思主义与现实, 2013(05): 173-178.

[12] 王格芳. 科学发展观视域下的中国城镇化战略研究[D]. 济南: 山东师范大学, 2013.

[13] 李爱民. 我国新型城镇化面临的突出问题与建议[J]. 城市发展研究, 2013(07): 104-109, 116.

[14] 倪鹏飞. 新型城镇化的基本模式、具体路径与推进对策[J]. 江海学刊, 2013(01): 87-94.

[15] 岳文海. 中国新型城镇化发展研究[D]. 武汉: 武汉大学, 2013.

[16] 徐选国, 杨君. 人本视角下的新型城镇化建设: 本质、特征及其可能路径[J]. 南京农业大学学报(社会科学版), 2014(02): 15-20.

[17] 王新越, 秦素贞, 吴宁宁. 新型城镇化的内涵、测度及其区域差异研究[J]. 地域研究与开发, 2014(04): 69-75.

[18] 陆大道, 陈明星. 关于"国家新型城镇化规划(2014—2020年)"编制大背景的几点认识[J]. 地理学报, 2015(02): 179-185.

[19] 安晓亮, 安瓦尔·买买提明. 新疆新型城镇化水平综合评价研究[J]. 城市规划, 2013(07): 23-27.

[20] 辛冲冲, 景守武, 陈治国. 新疆新型城镇化发展的时空特征研究[J]. 新疆财经, 2017(04): 47-58.

[21] 王平. 民族地区新型城镇化的路径与模式探究——以甘肃省临夏回族自治州临夏市为个案[J]. 民族研究, 2014(01): 50-59, 124.

[22] 刘七军, 李昭楠, 刘自强. 民族地区新型城镇化发展路径探讨——以宁夏为例[J]. 开发研究, 2014(06): 115-119.

[23] 刘洋, 姜昳芃. 民族地区新型城镇化模式选择与民族交融问题研究[J]. 贵州师范学院学报, 2014(11): 45-49.

[24] 祁苑玲. 边疆民族地区的新型城镇化问题探析——以云南省红河州为例[J]. 中共云南省委党校学报, 2015(02): 96-100.

[25] 唐银青. 边疆民族地区县域新型城镇化发展研究[D]. 南宁: 广西师范学院, 2015.

[26] 田嘉莉. 广西壮族自治区新型城镇化包容性发展研究[D]. 武汉: 中南民族大学, 2015.

[27] 马艳. 少数民族地区新型城镇化建设浅析[J]. 人民论坛. 2015 (11): 164.

[28] 青觉. 我国民族地区新型城镇化建设的思考[J]. 黑龙江民族丛刊. 2015(02): 4-6.

[29] 房冠辛, 张鸿雁. 新型城镇化的核心价值与民族地区新型城镇化发展路径[J]. 民族研究, 2015(01): 13-24, 123-124.

[30] 杨宜勇. 全面促进民族地区新型城镇化[J]. 中国民族, 2015(03): 91-93.

[31] 周兴维. 藏区城镇化的路径选择[J]. 现代经济探讨, 2014(12): 39-41.

[32] 马鸿谞. 西藏自治区新型城镇化进程的困境与出路[J]. 人民论坛, 2014(29): 225-227.

[33] 方创琳, 李广东. 西藏新型城镇化发展的特殊性与渐进模式及对策建议[J]. 中国科学院院刊, 2015(03): 294-305.

[34] 曹尤. 拉萨市新型城镇化中的地方政府职能转变研究[D]. 拉萨: 西藏大学, 2015.

[35] 李国栋. 西藏新型城镇化建设路径探究[J]. 西藏科技, 2017(02): 15-17, 25.

[36] 史云峰. 西藏新型城镇化: 现状、特征与路径[J]. 西藏民族大学学报(哲学社会科学版), 2016(04): 51-56, 154.

[37] 王弘, 蔡彭真, 贺立龙. 关于民族地区新型城镇化的探讨——以阿坝藏族羌族自治州建设为例[J]. 贵州民族研究, 2013(02): 97-100.

[38] 丁波, 李雪萍. 费孝通小城镇建设思想及对四川藏区城镇化的启示[J]. 西藏研究, 2014(03): 83-89.

[39] 刘璟. 中国城市化问题和发展战略: 一个研究综述[J]. 成都行政学院学报, 2013(02): 58-63.

[40] 马桂芳. 论青海藏区新型城镇化发展[J]. 攀登, 2015(05): 82-87.

[41] 任啸, 赵川. 旅游导向下四川藏区新型城镇化发展模式与路径[J]. 国土资源科技管理, 2016(05): 37-43.

[42] 杨丹. 四川藏区旅游业推进新型城镇化发展的效应及路径研究——以阿坝州九寨沟县为例[J]. 贵州民族研究, 2016(12): 160-164.

[43] 李娜. 西部民族地区特色新型城镇化模式研究——基于甘孜藏族自治州康定市姑咱镇的调研[J]. 金融经济, 2016(04): 26-28.

[44] 吴晓梅. 民族地区推进绿色城镇化建设的思考——以天祝藏族自治县为例[J]. 发展, 2017(02): 51-52.

[45] 袁斌. 失地农民可持续生计研究[D]. 大连: 大连理工大学, 2008.

[46] 苏芳, 徐中民, 尚海洋. 可持续生计分析研究综述[J]. 地球科学进展, 2009(01): 61-69.

[47] 赵雪雁. 生计资本对农牧民生活满意度的影响——以甘南高原为例[J]. 地理研究, 2011(04): 687-698.

[48] 黄建伟. 失地农民可持续生计问题研究综述[J]. 中国土地科学, 2011(06): 89-95.

[49] 李佳. 城市低保家庭生计资本分析[D]. 上海: 华东理工大学, 2012.

参考文献

[50]周易. 城市化进程中的失地农民可持续生计研究[D]. 咸阳：西北农林科技大学，2012.

[51]李继刚，毛阳海. 可持续生计分析框架下西藏农牧区贫困人口生计状况分析[J]. 西北人口，2012(01)：79-84.

[52]崔嘉文. 密云水库上游地区生态补偿对农户生计影响的研究[D]. 北京：北京林业大学，2014.

[53]何仁伟，刘邵权，陈国阶，等. 中国农户可持续生计研究进展及趋向[J]. 地理科学进展，2013(04)：657-670.

[54]卢娟. 旅游发达地区失地农民可持续生计问题研究[D]. 武汉：中南民族大学，2013.

[55]高红艳. 山西省城市化进程中失地农民可持续生计研究[D]. 太原：中北大学，2013.

[56]唐轲. 可持续生计框架下退耕还林对农户生计影响研究[D]. 咸阳：西北农林科技大学，2013.

[57]张志强. 可持续生计框架下征地对农户生计资本影响研究[D]. 咸阳：西北农林科技大学，2013.

[58]贺琦. 可持续生计视角下失地农民社会保障研究[D]. 西安：西北大学，2012.

[59]彭义铮. 城郊失地农民可持续生计的社会支持体系研究[D]. 重庆：西南大学，2013.

[60]崔玉玺. 城市化进程中失地农民可持续生计研究[D]. 咸阳：西北农林科技大学，2013.

[61]汤青，徐勇，李扬. 黄土高原农户可持续生计评估及未来生计策略——基于陕西延安市和宁夏固原市1076户农户调查[J]. 地理科学进展，2013(02)：161-169.

[62]安祥生，陈园园，凌日平. 基于结构方程模型的城镇化农民可持续非农生计分析——以晋西北朔州市为例[J]. 地理研究，2014(11)：2021-2033.

[63]吴清新. 基于可持续生计的被征地农民社会支持体系构建研究——以文昌市为例[D]. 南京：南京农业大学，2014.

[64]陈卓，续竞秦，吴伟光. 集体林区不同类型农户生计资本差异及生计满意度分析[J]. 林业经济，2014(08)：36-41.

[65]胡宗潭. 生计资本视野下的生态脆弱区可持续发展研究[D]. 福州：福建师范大学，2014.

[66]苏冰涛. "生态贫民"可持续生计研究[D]. 咸阳：西北农林科技大学，2014.

[67]吕伟伟. 外力介入下贫困农户生计可持续发展研究[D]. 兰州：兰州商学院，2014.

[68]王世靓，谢兵. 西部城市贫困家庭可持续生计发展的影响因素分析——以Q省X市Z区100户贫困家庭生计资本现状分析为例[J]. 攀登，2014(01)：89-94.

[69]孙海兵. 农村水库移民可持续生计重建的实证研究[J]. 江苏农业科学，2014(02)：417-419.

[70]陈卓. 集体林区农户生计策略类型与生计满意度研究[D]. 杭州：浙江农林大学，2015.

[71]李承营. 甘肃省陇南地区农户可持续性生计研究[D]. 兰州：甘肃农业大学，2015.

[72]赵仰华. 城镇化中失地农民可持续生计问题研究[D]. 北京：北京建筑大学，2015.

[73]毛谦. 陕南生态移民生计资本计量及政策贫困瞄准效率的实证研究[D]. 咸阳：西北农林科技大学，2015.

[74]李昌荣. 生计资本对农户信用的影响机制研究[D]. 南昌：南昌大学，2015.

[75]赵锋，朱一非，许媛媛. 甘肃城郊、山区农户可持续生计比较分析[J]. 西北人口，2015(03)：100-105.

[76]张文侠. 甘肃天水小陇山林缘区及其临近黄土丘陵沟壑区农户可持续生计研究[D]. 兰州：兰州大学，2016.

[77]高聪颖，吴文琦，贺东航. 扶贫搬迁安置区农民可持续生计问题研究[J]. 中共福建省委党校学报，2016(09)：91-97.

[78] 高功敬. 中国城市贫困家庭生计资本与生计策略[J]. 社会科学, 2016(10): 85-98.

[79] 高功敬, 陈岱云, 梁丽霞. 中国城市贫困家庭生计资本指标测量及现状分析[J]. 济南大学学报(社会科学版), 2016(03): 101-119.

[80] 徐鹏, 傅民, 杜漪. 绵阳市农户可持续生计策略初探——基于游仙镇长明村可持续生计资本整合与应用的案例研究[J]. 绵阳师范学院学报, 2008(03): 9-12.

[81] 黎洁, 李亚莉, 邰秀军, 等. 可持续生计分析框架下西部贫困退耕山区农户生计状况分析[J]. 中国农村观察, 2009(05): 29-38, 96.

[82] 徐定德, 谢芳婷, 刘邵权, 等. 四川省山丘区不同生计策略类型农户生计资本结构特征及差异研究[J]. 西南大学学报(自然科学版), 2016(10): 125-131.

[83] 刘婧, 郭圣乾. 可持续生计资本对农户收入的影响：基于信息熵法的实证[J]. 统计与决策, 2012(17): 103-105.

[84] 陆五一, 刘曜. 可持续生计分析框架下失地农民生计资本与生计策略的分析——以南京市为例[J]. 中国证券期货, 2013(04): 251-252.

[85] 史月兰, 唐卞, 俞洋. 基于生计资本路径的贫困地区生计策略研究——广西凤山县四个可持续生计项目村的调查[J]. 改革与战略, 2014(04): 83-87.

[86] 刘恩来, 徐定德, 谢芳婷, 等. 基于农户生计策略选择影响因素的生计资本度量——以四川省402户农户为例[J]. 西南师范大学学报(自然科学版), 2015(12): 59-65.

[87] 代富强. 农户生计可持续性评价理论解析及指标体系构建[J]. 湖北农业科学, 2015(02): 497-501.

[88] 徐定德, 张继飞, 刘邵权, 等. 西南典型山区农户生计资本与生计策略关系研究[J]. 西南大学学报(自然科学版), 2015(09): 118-126.

[89] 赵文娟, 杨世龙, 徐蕊. 元江干热河谷地区生计资本对农户生计策略选择的影响——以新平县为例[J]. 中国人口·资源与环境, 2015(S2): 162-165.

[90] 黄启学. 滇桂黔石漠化片区贫困农民可持续生计优化策略探究[J]. 西南民族大学学报, 2015(05): 30-37.

[91] 韦惠兰, 祁应军. 农户生计资本与生计策略关系的实证分析——以河西走廊沙化土地封禁保护区外围为例[J]. 中国沙漠, 2016(02): 540-548.

[92] 丁士军, 张银银, 马志雄. 被征地农户生计能力变化研究——基于可持续生计框架的改进[J]. 农业经济问题, 2016(06): 25-34, 110-111.

[93] 陈绍军, 王磊, 范敏. 可持续生计框架下失地农民生计恢复策略研究——基于安徽省374户农户的调查[J]. 人民长江, 2016(04): 97-102.

[94] 徐玮. 可持续生计分析框架下不同子女数量农户家庭生计策略的分析[J]. 西北人口, 2016(03): 64-70.

[95] 董国黄. 农户可持续生计策略实证研究——以槟榔文明生态村为例[J]. 农村经济与科技, 2016(16): 2-3.

[96] 邢佳. 农户生计资本对生计策略选择的影响分析——基于湖北省阳新县的调查数据[J]. 中国商论, 2016(08): 169-173.

[97] 崔诗雨, 徐定德, 彭立, 等. 三峡库区就地后靠移民与原住民生计资本特征及差异分析——以重庆市万州区为例[J]. 西南师范大学学报(自然科学版), 2016, 41(08): 80-86.

[98] 王鹭, 张文侠. 甘肃南部黄土丘陵沟壑区农户生计资本与生计策略研究[J]. 商丘师范学院学报, 2016(09):

41-46.

[99] 伍艳. 贫困山区农户生计资本对生计策略的影响研究——基于四川省平武县和南江县的调查数据[J]. 农业经济问题, 2016(03): 88-94, 112.

[100] 伍艳. 农户生计资本与生计策略的选择[J]. 华南农业大学学报(社会科学版), 2015(02): 57-66.

[101] 李立娜, 李川. 我国农户生计脆弱性研究进展及应对策略[J]. 西昌学院学报(自然科学版), 2016(03): 34-37.

[102] 苏艺, 邓伟, 张继飞, 等. 尼泊尔中部山区麦拉姆齐流域农户生计资本与生计策略关系研究[J]. 山地学报, 2016(05): 645-653.

[103] 杨培涛. 牧民生计资本与生计策略的关系研究[D]. 兰州: 西北师范大学, 2009.

[104] 赵雪雁, 李巍, 杨培涛, 等. 生计资本对甘南高原农牧民生计活动的影响[J]. 中国人口·资源与环境, 2011(04): 111-118.

[105] 蒙吉军, 艾木入拉, 刘洋, 等. 农牧户可持续生计资产与生计策略的关系研究——以鄂尔多斯市乌审旗为例[J]. 北京大学学报(自然科学版), 2013(02): 321-328.

[106] 张海盈, 姚娟, 马娟. 生计资本与参与旅游业牧民生计策略关系研究——以新疆喀纳斯生态旅游景区为例[J]. 旅游论坛, 2013(04): 40-44.

[107] 道日娜. 农牧交错区域农户生计资本与生计策略关系研究——以内蒙古东部四个旗为例[J]. 中国人口·资源与环境, 2014(S2): 274-278.

[108] 陈艾. 生计贫困: 甘孜藏族自治州农牧民贫困研究[D]. 武汉: 华中师范大学, 2014.

[109] 王彦星, 潘石玉, 卢涛, 等. 生计资本对青藏高原东缘牧民生计活动的影响及区域差异[J]. 资源科学, 2014(10): 2157-2165.

[110] 陈林. 宁夏哈巴湖自然保护区周边农户可持续生计研究[D]. 咸阳: 西北农林科技大学, 2014.

[111] 李丹, 许娟, 付静. 民族地区水库移民可持续生计资本及其生计策略关系研究[J]. 中国地质大学学报(社会科学版), 2015(01): 51-57.

[112] 阿依古丽艾力. 少数民族旅游社区居民生计资本与生计策略关系研究[D]. 新疆农业大学, 2015.

[113] 赵文娟, 杨世龙, 王潇. 基于Logistic回归模型的生计资本与生计策略研究——以云南新平县干热河谷傣族地区为例[J]. 资源科学, 2016(01): 136-143.

[114] 史俊宏. 生计转型背景下蒙古族生态移民非农生计策略选择及困境分析[J]. 中国农业大学学报, 2015(03): 264-270.

[115] 李静, 覃扬庆. 西部少数民族地区贫困农户生计、脆弱性与治理策略——基于湘西自治州L县的实证调查与理论分析[J]. 湖南工程学院学报(社会科学版), 2016(02): 68-71.

[116] 郝文渊, 杨东升, 张杰, 等. 农牧民可持续生计资本与生计策略关系研究——以西藏林芝地区为例[J]. 干旱区资源与环境, 2014(10): 37-41.

[117] 久毛措, 翟元娟. 我国藏区农牧民生计资本研究的基本现状与述评——基于2005—2015年CNKI来源文献的分析[J]. 西藏大学学报(社会科学版), 2015(06): 14-21.

[118] 翟元娟. 人力资本视角下西藏农牧民生计策略优化对策探析[D]. 拉萨: 西藏大学, 2016.

[119] 师学萍, 郝文渊, 何竹. 基于SLA分析框架的西藏农户生计资本分析——以尼洋河流域为例[J]. 西藏大学

学报(社会科学版), 2016(02): 132-137.

[120] 周景波. 人力资本禀赋与西藏经济跨越式发展[J]. 西藏民族学院学报(哲学社会科学版), 2007(03): 59-62, 123.

[121] 任凯. 基于人力资本视角的西藏反贫困研究[J]. 西藏民族学院学报(哲学社会科学版), 2007(05): 31-34, 122.

[122] 谢周亮. 转型期我国个人收入差异的影响因素研究[D]. 天津: 南开大学, 2009.

[123] 张艳红, 李晓燕. 基于人力资本视角的农村反贫困问题研究——以西藏自治区为例[J]. 社会科学家, 2010(03): 39-43.

[124] 吴健辉, 黄志坚. 农村人力资本问题研究的综述[J]. 农业经济, 2010(09): 76-77.

[125] 姚良波. 西部新农村建设中的人力资本问题研究[D]. 成都: 四川师范大学, 2010.

[126] 李海峥, 梁赟玲, Barbara Fraumeni, 等. 中国人力资本测度与指数构建[J]. 经济研究, 2010, 45(08): 42-54.

[127] 张国强, 温军, 汤向俊. 中国人力资本、人力资本结构与产业结构升级[J]. 中国人口·资源与环境, 2011(10): 138-146.

[128] 张俊霞, 韩阳. 我国农村人力资本投资优化对策分析[J]. 安徽农业科学, 2012(18): 9912-9913, 9926.

[129] 贾伟强, 李文娟. 中国农村人力资本问题研究综述——2000—2009年的研究[J]. 当代经济管理, 2012(08): 21-26.

[130] 朱治菊. 人力资本视角下农村开发式扶贫的困境及消解策略研究[D]. 重庆: 重庆大学, 2012.

[131] 周全. 健康人力资本对我国农民收入的影响[D]. 杭州: 浙江农林大学, 2012.

[132] 王文静, 吕康银, 王迪. 教育人力资本、健康人力资本与地区经济增长差异——基于中国省际面板数据的实证研究[J]. 经济与管理, 2012(09): 88-93.

[133] 杨发坤. 重庆新农村建设中人力资本问题研究[D]. 上海: 复旦大学, 2013.

[134] 巴桑, 王世民. 人力资本视角下的西藏农牧民反贫困对策[J]. 商场现代化, 2012(28): 227.

[135] 于大川, 潘光辉. 健康人力资本与农户收入增长——基于CHNS数据的经验研究[J]. 经济与管理, 2013(03): 25-29.

[136] 吴楠. 人力资本对经济增长的贡献研究[D]. 兰州: 甘肃农业大学, 2013.

[137] 李德煌, 夏恩君. 人力资本对中国经济增长的影响——基于扩展Solow模型的研究[J]. 中国人口·资源与环境, 2013, 23(08): 100-106.

[138] 钱雪亚, 李雪艳, 赵吟佳. 人力资本投资的社会收益估算[J]. 统计研究, 2013(06): 3-10.

[139] 杜明义. 人力资本投资与民族地区反贫困途径选择——以四川藏区为例[J]. 吉林工商学院学报, 2013(03): 13-17.

[140] 尹飞霄, 罗良清. 中国教育贫困测度及模拟分析: 1982—2010年[J]. 西北人口, 2013(01): 30-35.

[141] 杨阿维. 西藏农牧区人力资本投资成本抑制分析研究[J]. 贵州商业高等专科学校学报, 2013(04): 45-49.

[142] 翟珊. 内蒙古农村人力资本与农民收入增长研究[D]. 呼和浩特: 内蒙古师范大学, 2014.

[143] 赵亚男. 农民工人力资本、社会资本与社会融合[D]. 临汾: 山西师范大学, 2014.

[144] 聂伟, 王小璐. 人力资本、家庭禀赋与农民的城镇定居意愿——基于CGSS2010数据库资料分析[J]. 南京农业大学学报(社会科学版), 2014(05): 53-61, 119.

[145] 邵琳. 人力资本对中国经济增长的影响研究[D]. 长春: 吉林大学, 2014.

[146] 于庆瑞. 人力资本与区域经济增长研究[D]. 重庆: 重庆师范大学, 2014.

[147] 才国伟, 刘剑雄. 收入风险、融资约束与人力资本积累——公共教育投资的作用[J]. 经济研究, 2014(07): 67-80.

[148] 刘书特. 影响西藏人力资本存量因素的实证分析[J]. 商场现代化, 2014(14): 106-107.

[149] 图登克珠, 杨阿维, 张建伟. 基于人力资本理论视角下西藏农牧区反贫困问题研究[J]. 西藏研究, 2014(06): 29-35.

[150] 蒋守建. 人力资本视角下的西藏农村反贫困对策研究[J]. 智富时代, 2014(05): 25-26.

[151] 刘天平, 徐伍达, 孙前路, 等. 西藏农村人力资本投资困境分析[J]. 西藏大学学报(社会科学版), 2014(01): 20-25.

[152] 罗明. 西藏人力资本对经济贡献研究[J]. 智富时代, 2014(06): 11-12.

[153] 牛建森. 西藏人力资本投入对经济增长贡献的实证分析[J]. 时代金融, 2014(11): 67-68.

[154] 陈旭晨, 封海坚. 西藏人力资本投资问题研究[J]. 商场现代化, 2015(07): 102-103.

[155] 刘蕾, 刘悦. 基于新型城镇化视角的农村人力资本投资问题研究——以山东省为例[J]. 江苏商论, 2016(04): 87-88.

[156] 王艳. 青海藏区人力资本投资效率评价研究[D]. 西宁: 青海大学, 2016.

[157] 王艳, 任善英. 青海藏区人力资本投资与农牧民收入的增长[J]. 中国商论, 2016(Z1): 153-155.

[158] 李炜. 教育性人力资本投资与失地农民代际可持续生计[D]. 成都: 四川大学, 2006.

[159] 张蕾. 人力资本视野下的失地农民生计模式转化研究[D]. 成都: 四川大学, 2006.

[160] 杜翼, 石佳弋, 何景熙. 从人力资本理论视角看农户的生计多样性[J]. 西南石油大学学报(社会科学版), 2012(03): 48-53.

[161] 陈浩, 毕永魁. 人力资本对农户兼业行为及其离农决策的影响研究——基于家庭整体视角[J]. 中国人口·资源与环境, 2013(08): 90-99.

[162] 陈亮, 王如松, 李爱仙, 等. 区域自然资本与自然资本持续度评价——以北京市为案例[J]. 城市发展研究, 2009(12): 51-55.

[163] 王秀波, 曹宝, 郑伟. 中国沿海地区自然资本要素与社会经济发展综合评价研究[J]. 中国国土资源经济, 2009(12): 26-28, 42.

[164] 吴佳强. 从我国经济发展战略看西部自然资本评估[J]. 生态经济, 2010(05): 71-74.

[165] 黄建伟, 喻洁. 失地农民关键自然资本的丧失、补偿及其对收入的影响研究——基于七省一市的实地调研[J]. 探索, 2010(04): 86-92.

[166] 万玛当知, 杨都. 农牧民关键自然资本的丧失对其收入的影响研究——基于少数民族地区的实地调查[J]. 西北民族大学学报(哲学社会科学版), 2011(06): 8-12.

[167] 龙江. 基于自然资本的可持续发展经济问题研究[J]. 时代金融, 2012(15): 157, 173.

[168] 汪凌志. 经济增长与自然资本占用——基于中国省际面板数据的生态足迹分析[J]. 贵州财经大学学报, 2013(06): 10-16.

[169] 卢辰宇, 上官铁梁, 侯博. 自然资本的新探索——ENC 大循环[J]. 中国人口·资源与环境, 2014(S1):

439-444.

[170] 段伟, 任艳梅, 冯冀, 等. 基于生计资本的农户自然资源依赖研究——以湖北省保护区为例[J]. 农业经济问题, 2015(08): 74-82, 112.

[171] 邓建华. 自然资本及其评估和运营研究——以自然保护区为例[J]. 经济师, 2015(05): 43-44, 46.

[172] 薛雅伟, 张在旭, 王军. 自然资本与经济增长关系研究——基于资本积累和制度约束视阈[J]. 苏州大学学报(哲学社会科学版), 2016(05): 102-111.

[173] 马红梅. 贵州省农村劳动力转移的社会资本研究[D]. 北京: 北京林业大学, 2009.

[174] 李兆捷. 我国农村社会资本研究评述[J]. 安徽农业科学, 2011(16): 10064-10066, 10069.

[175] 吴筱灵. 社会资本视角下西部民族地区反贫困问题研究[D]. 长沙: 湖南大学, 2011.

[176] 周晔馨. 社会资本是穷人的资本吗?——基于中国农户收入的经验证据[J]. 管理世界, 2012(07): 83-95.

[177] 陆迁, 王昕. 社会资本综述及分析框架[J]. 商业研究, 2012(02): 141-145.

[178] 罗连发. 社会资本与农村减贫研究[D]. 武汉: 武汉大学, 2012.

[179] 张静. 社会资本对贫困家庭收入的影响分析[D]. 成都: 西南财经大学, 2012.

[180] 王格玲. 社会资本对农户收入及收入差距的影响[D]. 咸阳: 西北农林科技大学, 2012.

[181] 胡日东. 社会资本对低碳乡村建设的影响评价研究[D]. 青岛: 青岛大学, 2013.

[182] 路慧玲, 赵雪雁, 侯彩霞, 等. 社会资本对农户收入的影响机理研究——以甘肃省张掖市、甘南藏族自治州与临夏回族自治州为例[J]. 干旱区资源与环境, 2014(10): 14-19.

[183] 沈洋. 社会资本视角下的农业产业化扶贫研究[D]. 武汉: 华中师范大学, 2013.

[184] 赵雪雁, 赵海莉. 汉、藏、回族地区农户的社会资本比较——以甘肃省张掖市、甘南藏族自治州、临夏回族自治州为例[J]. 中国人口·资源与环境, 2013(03): 49-55.

[185] 王恒彦, 卫龙宝, 郭延安. 农户社会资本对农民家庭收入的影响分析[J]. 农业技术经济, 2013(10): 28-38.

[186] 周晔馨. 社会资本在农户收入中的作用——基于中国家计调查(CHIPS2002)的证据[J]. 经济评论, 2013(04): 47-57.

[187] 冯俊超. 社会资本解决农村贫困问题的实证分析[D]. 桂林: 广西师范大学, 2014.

[188] 郝文渊, 周鹏, 李文博, 等. 藏东南农牧民社会资本特征分析研究[J]. 干旱区资源与环境, 2014(09): 39-44.

[189] 贾鼎. 关于社会资本研究视角的若干思考[J]. 河北学刊, 2014(01): 104-106.

[190] 姚菲菲. 农民工社会资本对其职业流动的影响研究[D]. 西安: 陕西师范大学, 2014.

[191] 刘彬彬, 陆迁, 李晓平. 社会资本与贫困地区农户收入——基于门槛回归模型的检验[J]. 农业技术经济, 2014(11): 40-51.

[192] 张华山, 姚培刚, 周现富. 水库移民社会资本与可持续生计的关系研究——以甘孜州典型水电工程为例[J]. 民族论坛, 2015(06): 26-29.

[193] 王聪. 物质资本、人力资本与经济增长的动态关系研究——基于1978—2009年中国数据的实证分析[J]. 山东财政学院学报, 2011(05): 80-89.

[194] 汪柱旺, 于瀚尧. 财政支出与社会物质资本形成及经济增长关系的实证研究[J]. 当代财经, 2012(12): 47-54.

[195] 张林. 人力资本、物质资本对西部地区经济增长的贡献——基于1995—2010年西部地区数据的索洛模型检

验[J]. 湖南社会科学, 2012(03): 132-135.

[196]靖学青. 中国省际物质资本存量估计: 1952—2010 年[J]. 广东社会科学, 2013(02): 46-55.

[197]王建军, 周晓唯. 公共物质资本投资与经济增长: 1999—2012 年——基于 LMDI 的分析[J]. 求索, 2013(07): 5-8.

[198]秦增强. 公共行政视角下社会物质资本运行效率优化研究[D]. 重庆: 重庆大学, 2014.

[199]孙敬水, 于思源. 物质资本、人力资本、政治资本与农村居民收入不平等——基于全国 31 个省份 2852 份农户问卷调查的数据分析[J]. 中南财经政法大学学报, 2014(05): 141-149, 160.

[200]孟望生, 王询, 李井林. 人力资本和物质资本对增长贡献的变化——逻辑推理与中国省级面板数据的实证检验[J]. 经济与管理研究, 2015(06): 56-66.

[201]刘林, 李光浩, 王力. 少数民族农户收入差距的经验证据: 物质资本、人力资本或社会资本[J]. 农业技术经济, 2016(05): 70-79.

[202]罗志红, 朱青. 物质资本、人力资本对经济增长的影响分析——基于地区差异的比较[J]. 技术经济与管理研究, 2016(05): 21-25.

[203]温涛. 新形势下推进农村金融服务创新的现实思考——基于城乡综合配套改革试验区重庆的调查[J]. 农业经济问题, 2010(10): 34-41, 111.

[204]吴代红. 金融资本集聚与城乡收入差距的关系演化研究[D]. 重庆: 西南大学, 2014.

[205]孙淑玲. 吉林省农村金融对农民收入的影响分析[J]. 吉林农业科技学院学报, 2016(06): 54-56.

[206]喻鸥. 青藏高原东部样带农牧民生计脆弱性定量评估[D]. 重庆: 西南大学, 2010.

[207]赵威. 岷江上游藏区农户生计脆弱性研究[D]. 成都: 四川省社会科学院, 2011.

[208]郭圣乾, 张纪伟. 农户生计资本脆弱性分析[J]. 经济经纬, 2013(03): 26-30.

[209]赵锋, 吕伟伟. 山区农户对生计资本脆弱性的感知度: 基于甘肃省 4 县区的调查[J]. 兰州商学院学报, 2014(03): 79-86.

[210]赵立娟. 灌溉管理改革背景下农户生计脆弱性评估[J]. 干旱区地理, 2014(05): 1055-1064.

[211]于立斌. 民勤绿洲边缘区农户生计脆弱性和恢复力的实证研究[D]. 兰州: 兰州大学, 2015.

[212]池文芳. 浙江省山区农户生计脆弱性研究[D]. 杭州: 浙江农林大学, 2015.

[213]韩文文, 刘小鹏, 裴银宝, 等. 不同地貌背景下民族村农户生计脆弱性及其影响因子[J]. 应用生态学报, 2016(04): 1229-1240.

[214]张钦, 赵雪雁, 雒丽, 等. 高寒生态脆弱区气候变化对农户生计的脆弱性影响评价——以甘南高原为例[J]. 生态学杂志, 2016(03): 781-790.

[215]李立娜, 李川. 我国农户生计脆弱性研究进展及应对策略[J]. 西昌学院学报(自然科学版), 2016, 30(03): 34-37.

[216]单菁菁. 我国城市化进程中的脆弱性分析[J]. 工程研究——跨学科视野中的工程, 2011, 3(03): 240-248.

[217]王岩, 方创琳, 张蔷. 城市脆弱性研究评述与展望[J]. 地理科学进展, 2013(05): 755-768.

[218]张晓瑞, 张琳雅, 方创琳. 概念、框架和测度: 城市脆弱性研究脉络评述及其拓展[J]. 地理与地理信息科学, 2015, 31(04): 94-99.

[219] 徐君, 李贵芳, 王育红. 国内外资源型城市脆弱性研究综述与展望[J]. 资源科学, 2015, 37(06): 1266-1278.

[220] 方创琳, 王岩. 中国城市脆弱性的综合测度与空间分异特征[J]. 地理学报, 2015(02): 234-247.

[221] 李丽, 白雪梅. 我国城乡居民家庭贫困脆弱性的测度与分解——基于CHNS微观数据的实证研究[J]. 数量经济技术经济研究, 2010, 27(08): 61-73.

[222] 武拉平, 郭俊芳, 赵泽林, 等. 山西农村贫困脆弱性的分解和原因研究[J]. 山西大学学报(哲学社会科学版), 2012, 35(06): 95-100.

[223] 万广华, 刘飞, 章元. 资产视角下的贫困脆弱性分解: 基于中国农户面板数据的经验分析[J]. 中国农村经济, 2014(04): 4-19.

[224] 叶初升, 赵锐, 李慧. 经济转型中的贫困脆弱性: 测度、分解与比较——中俄经济转型绩效的一种微观评价[J]. 经济社会体制比较, 2014(01): 103-114.

[225] 葛珺沂. 西部少数民族地区贫困脆弱性研究[J]. 经济问题探索, 2013(08): 163-170.

[226] 任军营. 豫西山区农户贫困脆弱性测度研究[D]. 咸阳: 西北农林科技大学, 2014.

[227] 彭新万, 程贤敏. 脆弱性与农村长期贫困的形成及其破解[J]. 江西社会科学, 2015(09): 205-210.

[228] 杨龙, 汪三贵. 贫困地区农户脆弱性及其影响因素分析[J]. 中国人口·资源与环境, 2015(10): 150-156.

[229] 伍艳. 贫困地区农户生计脆弱性的测度——基于秦巴山片区的实证分析[J]. 西南民族大学学报(人文社科版), 2015, 36(05): 128-133.

[230] 王欢. 社会资本对川滇藏区农户贫困脆弱性的影响研究[D]. 成都: 四川农业大学, 2016.

[231] 杨浩, 陈光燕, 庄天慧, 等. 气象灾害对中国特殊类型地区贫困的影响[J]. 资源科学, 2016, 38(04): 676-689.

[232] 王凯. 基于可拓理论的新型城镇化建设水平研究[D]. 西安建筑科技大学, 2016.

[233] 崔凯, 郭静利. 新型城镇化的理论基础、现实选择与推动策略[J]. 现代经济探讨, 2014(07): 29-33.

[234] 久毛措. 基于贫困脆弱性与可持续生计的我国藏区扶贫开发的长效性思考[J]. 中国藏学, 2017(02): 10-17.

[235] 肖敏静. 昆明市松华坝水源区农户可持续生计资本评价[D]. 昆明: 西南林业大学, 2012.

[236] 崔玉玺. 城市化进程中失地农民可持续生计研究[D]. 咸阳: 西北农林科技大学, 2013.

[237] 尹飞霄. 人力资本与农村贫困研究: 理论与实证[D]. 南昌: 江西财经大学, 2013.

[238] 朱治菊. 人力资本视角下农村开发式扶贫的困境及消解策略研究[D]. 重庆: 重庆大学, 2012.

[239] 马红梅. 贵州省农村劳动力转移的社会资本研究[D]. 北京: 北京林业大学, 2009.

[240] 李继刚. 西藏农牧民脆弱性贫困与减贫政策[J]. 西藏民族大学学报(哲学社会科学版), 2016(02): 111-115.

[241] 张国培. 和谐视角下的民族地区农户贫困脆弱性研究[D]. 成都: 四川农业大学, 2011.

[242] 刘伟. 健康风险对农户贫困脆弱性的影响及对策研究[D]. 咸阳: 西北农林科技大学, 2014.

[243] 张松文. 西部农村地区脆弱性贫困的金融支持研究[J]. 大庆社会科学, 2016(01): 141-143.

[244] 周彦国, 钱振水, 张年国. 高海拔传统牧区新型城镇化路径探索——以西藏那曲地区为例[J]. 价值工程, 2016(13): 29-31.

[245] 王卓敏. 河南省城镇化发展现状、问题及对策研究[D]. 上海: 华东师范大学, 2006.

[246]张力心, 李亚, 段豫川. 重庆市县域城镇化发展研究[J]. 安徽农业科学, 2012(08): 4988-4990.

[247]徐虹. 住房保障水平发展趋势分析[J]. 兰州学刊, 2011(05): 58-63.

[248]龙文志. "十二五"城市化与高层建筑幕墙[J]. 门窗, 2010(11): 1-7.

[249]李澜. 西部民族地区城镇化发展研究[D]. 北京: 中央民族大学, 2003.

[250]久毛措. 城镇化进程中藏区农牧民的社会融合问题研究——以贵德县尕让乡农牧民的调查为例[J]. 新远见, 2011(12): 75-82.

[251]http://www.yn.gov.cn/yn_zwlanmu/qy/tj/201705/t20170531_29459.html; http://www.tibet.cn/travel/news/20170504/149386 0371401.shtml; http://www.tjcn.org/tjgbsy/nd/34841.Html.

[252]丁生喜, 王晓鹏. 基于重力模型的环青海湖区域规划与开发战略分析[J]. 开发研究, 2010(06): 1-3.

[253]王松磊, 杨剑萍, 王娜. 中国特色、西藏特点的城镇化道路研究[J]. 西藏大学学报(社会科学版), 2017(01): 176-183.

[254]史云峰. 西藏新型城镇化: 现状、特征与路径[J]. 西藏民族大学学报(哲学社会科学版), 2016(04): 51-56, 154.

[255]杜炳萱, 陈爱东. 关于西藏城镇化问题的探讨[J]. 中国证券期货, 2012(04): 282, 285, 296.

[256]梁书民, 厉为民, 白石. 青藏铁路对西藏城市(镇)发展的影响[J]. 城市发展研究, 2006(04): 15-18.

[257]云中, 虎有泽. 困境与路径: 鄂尔多斯新型城镇化建设的若干思考[J]. 内蒙古民族大学学报(社会科学版), 2016(06): 76-80.

[258]赵丽丽, 张旭丽, 李秀莲. 对环境信息披露现状的调研与思考——基于贵州省特色小城镇建设的视角[J]. 哈尔滨商业大学学报(社会科学版), 2017(01): 88-93.

[259]石磊. 全区推进新型城镇化工作会议举行[N]. 西藏日报(汉), 2015-01-15(001).

[260]赵书彬. 我区推进具有西藏特点的新型城镇化[N]. 西藏日报(汉), 2015-11-03(001).

[261]高卫星. 论新型城镇化进程中的政府治理转型[J]. 中州学刊, 2015(06): 5-9.

[262]西藏自治区人民政府. 西藏自治区主体功能区规划——建设中国特色、西藏特点的和谐美好家园, 2014.

[263]刘振伟. 推进城镇化也要重心向下[J]. 农村工作通讯, 2014(23): 47-49.

[264]李素萍. 鄱阳湖区农户可持续生计分析[D]. 南昌: 江西师范大学, 2016.

[265]李小云, 董强, 饶小龙, 等. 农户脆弱性分析方法及其本土化应用[J]. 中国农村经济, 2007(04): 32-39.

[266]梁书民, 厉为民. 青藏铁路对西藏城镇化的影响[J]. 西藏发展论坛, 2007(01): 49-52.

[267]潘振成, 刘湖滨, 朱斌, 等. 青海城镇化进程中的劳动就业问题研究[J]. 攀登, 2002(06): 67-71.

[268]赵书彬. 新型城镇化, 西藏怎么干?[N]. 西藏日报(汉), 2014-03-08(005).

[269]何家军. 水利工程移民生计能力再造研究[D]. 武汉: 武汉大学, 2014.

[270]马戎, 王晓丽, 方军雄, 等. 新疆乌鲁木齐市流动人口的结构特征与就业状况[J]. 西北民族研究, 2005(03): 5-42.

[271]李琬, 孙斌栋. "十三五"期间中国新型城镇化道路的战略重点——基于农村居民城镇化意愿的实证分析与政策建议[J]. 城市规划, 2015(02): 23-30.

[272]李博, 左停. 农村就地城镇化过程中农民生计方式转型研究——基于北京市大兴区的调查[J]. 农业部管理干部学院学报, 2015(03): 65-69.

[273] 王照浩. 新型城镇化视阈下失地农民就业问题研究[D]. 济南：山东大学，2015.

[274] 席浩. 新型城镇化发展中失地农民社会保障问题探析[J]. 赤峰学院学报(自然科学版)，2015(18)：77-78.

[275] 石子伟，曹广伟. 新型城镇化进程中农民权益保障制度的法理反思与重构——以权利制约权力为视角[J]. 社会科学家，2015(07)：40-44.

[276] 蔡进. 新型农村社区建设与农户生计变化研究——以重庆市忠县天子村社区为例[D]. 重庆：西南大学，2014.

[277] 张丽萍，张镱锂，阎建忠，等. 青藏高原东部山地农牧区生计与耕地利用模式[J]. 地理学报，2008(04)：377-385.

[278] 久毛措. 城镇化进程中青藏两省区农牧民家庭收支变化及满意度情况的调查分析[J]. 西藏大学学报(社会科学版)，2013(04)：26-32.

[279] 久毛措. 构建西藏新型职业农牧民教育培训体系探讨[J]. 西藏大学学报(社会科学版)，2014(03)：177-183.

[280] 李培林. 加快青海农村剩余劳动力转移的对策及建议[J]. 青海统计，2008(05)：14-17.

[281] 牟少岩. 农民职业分化的影响因素研究[D]. 泰安：山东农业大学，2008.

[282] 杨利平. 陕西农村家庭人力资本投资实证研究[D]. 西安：西安工业大学，2007.

[283] 娄钰华. 失土农民问题对策研究[J]. 经济问题探索，2004(01)：89-90.

[284] 杜洪梅. 被动城市化群体城市融入问题探析[J]. 宁夏党校学报，2007(03)：71-73.

[285] 杜洪梅. 城郊失地农民的社会角色转换[J]. 社会科学，2006(09)：105-110.

[286] 杜洪梅. 城郊失地农民的社会认同困境与社会政策的完善[J]. 广东行政学院学报，2007(04)：74-77.

[287] 谢华. 城乡结合部失地农民城市适应性研究[D]. 咸阳：西北农林科技大学，2009.